LES TRADITIONS MÉTAPHYSIQUES
ONT TOUJOURS ÉTÉ À LA SOURCE
D'UN ART SACRÉ ET VISIONNAIRE.
LA BIBLIOTHÈQUE DE L'ÉSOTÉRISME
EXPLORE LE LANGAGE SYMBOLIQUE DES
GRANDS RÉCITS UNIVERSELS, RÉCITS
QUE NOUS RELATONS PAR LA PEINTURE,
L'ENCRE, LE TEXTILE ET L'ARGILE.

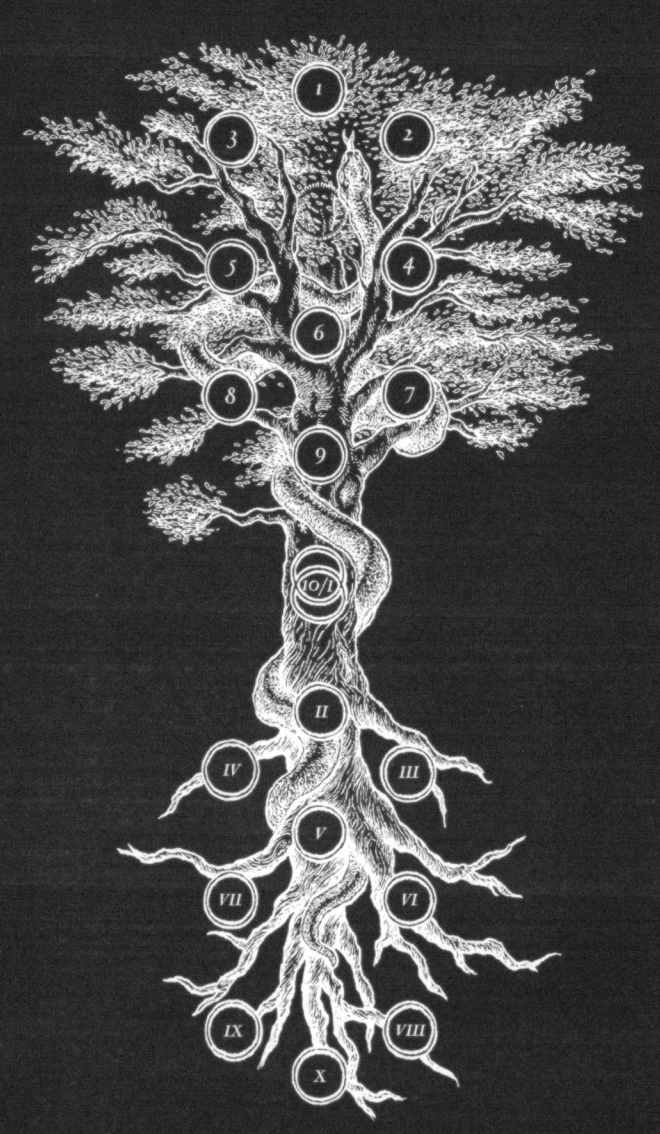

LA BIBLIOTHÈQUE
DE
L'ÉSOTÉRISME

TAROT

DIRECTRICE DE COLLECTION
Jessica Hundley

CONCEPTION
Thunderwing

TASCHEN

TAROT

Le sacré &
les arcanes

UNE BRÈVE HISTOIRE
DU TAROT

UNE BRÈVE HISTOIRE DU TAROT

Une diseuse de bonne aventure enturbannée lit l'avenir dans les lignes délicates d'une paume de main. Une femme pleure devant une carte retournée qui affiche un dessin de crâne et d'os. Associé à des images de jupes en soie et de boules de cristal et aux salons du XIXᵉ siècle, que de lourdes tentures et des rideaux de velours plongeaient dans une éternelle pénombre, le tarot est devenu le symbole de l'ésotérisme. En raison de sa symbolique particulièrement complexe et mystérieuse, l'imagerie de ses 78 cartes est souvent considérée comme la représentation du monde enténébré de l'occulte et des recoins obscurs de l'intuition et de la superstition, autrement dit des lieux où règnent la magie et les rituels anciens. Des siècles de quête combinés aux milliers de mains créatrices des mystiques et des artistes, travaillant souvent de concert, ont sans cesse modifié le sens symbolique du tarot. Au moins depuis la Renaissance, il a toutefois conservé sa pertinence au fil des mutations, en s'adaptant aux caprices de la culture et de l'histoire. Aujourd'hui, ce n'est pas tant un moyen de prédire le futur qu'une muse favorisant des activités thérapeutiques et artistiques, voire la méditation. Il s'est mué à la fois en outil d'exploration de soi et en guide d'évolution intérieure. À l'instar de toutes les traditions ésotériques, le tarot, changeant et flexible, invite chaque génération à redécouvrir et, au final, à retravailler sa structure classique et son iconographie.

Pour beaucoup, le tarot est sorti d'un sombre endroit de notre conscience culturelle commune, affecté d'une noirceur indéfinissable et dûment relégué aux vitrines des arcanes. Des écrits secrets, des traditions orales et des ouvrages de philosophes et de sages retracent sa longue histoire, foisonnante de mystères et encore mal connue. D'abord simple jeu de société sans doute, le tarot prend un sens spirituel plus profond et devient divinatoire. Son origine exacte n'est pas encore établie. Les premiers exemplaires attestés remontent au début du XVᵉ siècle. Certains supposent que le tarot est issu des anciens jeux de cartes de Turquie et du Proche-Orient. Pour d'autres, il dériverait de la tradition de divination du Yi-king. Nombre d'écrits sur l'occultisme des XVIIIᵉ et XIXᵉ siècles affirment qu'il est issu des hiéroglyphes, et plus particulièrement du langage visuel des ouvrages égyptiens, le *Livre de Thoth* ou le *Livre des feuilles d'or*. Dieu de la sagesse et de la magie, Thot mesure le temps et prédit l'avenir. Figuré avec un corps d'homme et une tête d'ibis, il est muni d'un calame et d'une

Pamela Colman Smith & A. E. Waite · *Rider-Waite-Smith Tarot* · États-Unis · 1910 Pamela Colman Smith a collaboré avec le spécialiste du tarot A. E. Waite pour illustrer les arcanes, créant une imagerie parmi les plus importantes et influentes du XXᵉ siècle.

tablette, références à ses fonctions de scribe et de chroniqueur. Le *Livre de Thoth*, censément rédigé par le dieu lui-même, contiendrait les secrets de toutes les connaissances ésotériques. En 1781, dans le tome VIII du *Monde primitif*, incluant un traité sur le tarot, Antoine Court de Gébelin, occultiste français, affirme que le *Livre de Thoth*, « composé de 78 feuillets ou tableaux […] est en un mot le Jeu des Tarots ». Cette école de pensée forme le fondement d'un ensemble de sociétés secrètes et de sectes du XIXᵉ siècle en Europe. Nombre d'entre elles intègrent le tarot à leurs rites et à leurs cérémonies sur le Vieux Continent comme en Amérique du Nord.

En ces débuts du tarot, un système numérique précis et une iconographie particulière sont mis au point. Un jeu traditionnel compte 78 cartes, dont 22 représentent surtout des images figuratives et des archétypes ; ce sont les arcanes majeurs. Les 56 autres cartes constituent les arcanes mineurs, qui reprennent en partie, dans leur symbolique, les couleurs des jeux de cartes modernes. La numérologie mystique s'applique également aux nombres des cartes, en en renforçant la signification symbolique et émotionnelle. Nombre de jeux anciens incluent une iconographie chrétienne et hébraïque.

Pamela Colman Smith · *Sea Creatures* · Angleterre 1907 Cocréatrice du Rider-Waite-Smith, Smith est l'une des artistes majeures du tarot au XXᵉ siècle.

Cette aquarelle, l'un de ses premiers travaux, appartient à l'Alfred Stieglitz/Georgia O'Keeffe Archive de l'Université de Yale.

Des experts ont étudié les liens entre les 22 cartes des arcanes majeurs et les 22 lettres de l'alphabet hébraïque, en les rattachant aux 22 canaux qui dans l'enseignement ésotérique de la kabbale relient les séphiroth, symbolisés comme Arbre de vie. Une autre hypothèse soutient que le jeu de tarot est la traduction visuelle de la Torah, la parole de Dieu qui fut transmise à Moïse.

Pour P. D. Ouspensky, occultiste, philosophe et mathématicien russe du début du XXe siècle, le tarot est un intermédiaire entre la conscience, le monde spirituel et le domaine physique. Il pense également que le tarot s'aligne sur les principes de la géométrie et de la numérologie mystique et plonge, par conséquent, sans doute ses racines dans une culture très ancienne. « Celui qui comprend l'emploi du symbolisme dans l'art sait ce que l'on entend par symbolisme occulte. Mais même alors un entraînement particulier de l'esprit est nécessaire pour saisir le "langage des initiés" et traduire dans ce langage les intuitions quand elles surviennent », déclare Ouspensky dans son ouvrage *The Symbolism of the Tarot*, publié en 1913. « Il existe de nombreuses méthodes pour développer le "sens du symbole" chez ceux qui s'efforcent d'appréhender les forces cachées de la Nature et de l'Homme et pour enseigner les principes et les éléments fondamentaux du langage ésotérique. Parmi ces méthodes, le tarot est la plus synthétique et l'une des plus intéressantes. »

Toutes les théories concernant les origines du tarot se teintent d'une touche romanesque. Il est certain, toutefois, que le plus vieux connu est originaire d'Italie. Créées au XIVe ou au XVe siècle, ces cartes

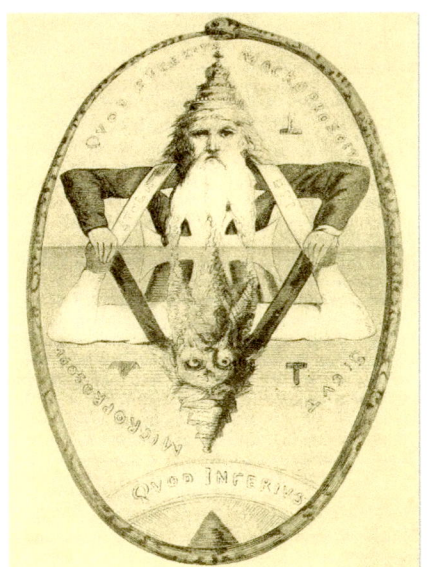

sont de remarquables œuvres d'art destinées aux aristocrates et à la famille royale. Désormais dispersés dans les musées d'Europe et d'Amérique, ces jeux de cartes du début du XVe siècle proviennent pour la plupart des cours de Milan et Florence. Richement décorés, souvent dorés à la feuille et peints dans le style gothique tardif-début Renaissance, les premiers tarots semblent dériver des anciennes cartes du *tarrochi* ou *tarok*, un jeu importé des pays islamiques en Europe au siècle précédent. Les cartes « mameloukes », comme on les appelle à l'époque, comprennent des figures et quatre couleurs (catégories) : les Coupes,

Éliphas Lévi · *Grand Symbole de Salomon* · France 1884 Cette image est tirée de *Dogme et rituel de la haute magie*, le premier traité d'Éliphas Lévi sur le tarot, paru en deux volumes en 1854 et 1856.

les Épées, les Deniers et les Bâtons. Elles sont certainement issues d'Égypte, de Turquie et d'autres pays du Proche-Orient. Ces cartes du XIIIe siècle sont considérées comme les ancêtres à la fois du tarot et des cartes à jouer modernes. En y ajoutant une iconographie, les Italiens ont créé les *Trionfi*, des cartes utilisées pour des jeux comparables au bridge. Au XVe siècle, les Français ont modifié la symbolique des cartes à jouer en introduisant les couleurs modernes : Cœur, Trèfle, Pique et Carreau.

À la même époque, la Renaissance, qui sonne le réveil artistique et culturel de l'Europe, ranime l'intérêt pour le mysticisme chrétien et la mythologie grecque et romaine. Les premiers jeux de tarot ont une imagerie symbolique qui rappelle celle des anciennes écoles de connaissance ésotérique et spirituelle, tout en rendant hommage à l'Ancien Testament et aux sciences occultes telles l'alchimie et l'astrologie. En 2016, Robert Place, artiste et spécialiste du tarot, a reproduit scrupuleusement un tarot identifié comme l'un des plus anciens, qu'il a appelé « Marziano ». S'appuyant sur des lettres du XVe siècle qui décrivent un jeu fabriqué en 1412 pour le duc de Milan, il en a fait une réplique fourmillante de détails. Le tarot Marziano repose sur une structure qui serait due à Marziano da Tartona, alors astrologue et précepteur du duc. Illustré par l'artiste Michelino da Besozzo, il emprunte à la mythologie romaine son iconographie de dieux et personnages classiques. Les anciens jeux préservés émanent surtout des cours italiennes de la Renaissance. Ils étaient principalement offerts en cadeaux de mariage ou pour de grandes occasions. Conçus initialement pour jouer, ils servaient aussi de support d'histoires, voire de critiques contre la cour, à la manière du fou du roi. En

recourant à des symboles plutôt qu'à des mots, le tarot est ainsi devenu un moyen pour exprimer des idées complexes, voire provocatrices.

À partir du XVIe siècle, le tarot commence à être associé à un système de significations divinatoires. Mais il faut attendre la fin du XVIIIe siècle pour qu'il s'impose comme pratique ésotérique dotée d'une méthodologie que décrivent de nombreux textes occultes et philosophiques de l'époque. Dès lors, il s'affirme comme un livre de connaissance universel, un outil d'apprentissage bien plus approprié que des caractères sur une page. Ses images, qui sont des archétypes, sont compréhensibles par tous, illettrés inclus. Quant à sa symbolique, mélange de sources antiques et mythologiques, elle offre un récit très organisé qui définit la relation au monde, aux autres et à un moi supérieur.

Le savant français Antoine Court de Gébelin et son contemporain Jean-Baptiste Alliette dit
«Etteilla» (son nom à l'envers) sont parmi les premiers à défendre le tarot comme une méthode
valable pour prédire l'avenir. Le premier traité d'Alliette sur la question, publié en 1770, s'intitule
Etteilla, ou manière de se récréer avec un jeu de cartes. Comme Gébelin, Etteilla soutient que le tarot fait
partie d'un héritage de sagesse secret, transmis depuis l'Égypte ancienne. Outre ses ouvrages sur le
tarot, Etteilla est aussi connu pour être l'auteur du premier jeu de tarot spécifiquement divinatoire,
le *Grand Etteilla*, qui établit des correspondances entre le tarot, l'astrologie et l'alphabet hébraïque.
Éliphas Lévi, occultiste français, prête des références de la kabbale au tarot de Marseille. Popularisé
par les cartomanciens français comme Lévi, puis par son disciple l'écrivain Gérard Encausse (Papus,
de son nom de plume), le tarot de Marseille sert de modèle à des jeux de conception similaire,
imprimés dans la ville portuaire du même nom. Dans *Dogme et rituel de la haute magie*, de 1854/1856,
Lévi souligne l'importance qu'il a : «Le Tarot est le livre primitif et la clef de voûte des sciences
occultes : il doit être hermétique comme il est cabalistique, magique et théosophique. […] De tous
les oracles, le Tarot est le plus surprenant dans ses réponses, parce que toutes les combinaisons pos-
sibles de cette clef universelle de la cabale donnent pour solutions des oracles de science et de vérité.
Le Tarot était le livre unique des anciens mages. C'est la Bible primitive […]»

Par la suite, Paul Christian, ami d'Éliphas Lévi, fait correspondre les cartes du tarot avec le zodiaque
de la kabbale. En 1889, sous le pseudonyme de Papus, Encausse publie *Le Tarot des Bohémiens*. Il y
soutient que le tarot s'inspire du Tétragramme, c'est-à-dire les quatre consonnes constituant le nom
divin dans la Bible. Comme beaucoup de mystiques qui contribuent à l'évolution du tarot, Papus est
membre d'une société secrète : l'Ordre kabbalistique de la Rose-Croix (ou rosicruciens). Son disciple,
Oswald Wirth, un auteur suisse, édite ensuite un jeu qui développe le lien entre les arcanes majeurs
et les 22 lettres de l'alphabet hébraïque en omettant les arcanes mineurs. Wirth s'intéresse aussi au
rapport entre le tarot et l'Arbre de vie. Dans la kabbale d'Occident, l'Arbre de vie («Otz-Chiim»)
se compose de dix sphères (ou séphiroth) associées chacune à une lettre hébraïque et reliées les unes
aux autres par 22 canaux. Les correspondances entre le tarot et l'Arbre de vie seront développées
au XXe siècle par des spécialistes du tarot comme Paul Foster Case, Arthur Edward Waite ou Manly P.
Hall. Dans son *Book of Thoth*, publié en 1944, l'occultiste Aleister Crowley écrit que «le tarot a été
conçu comme un instrument pratique pour les calculs kabbalistiques». Dès lors, les principes
de la kabbale vont servir de base à la fois à l'iconographie et aux interprétations de nombreux jeux
de tarot modernes.

Anonyme · Gravure ancienne · The Cary Collection
de l'Université de Yale · Italie · 1500 Cette gravure
d'origine italienne fait partie de la collection de
cartes à jouer Cary conservée à la Beinecke Rare
Book and Manuscript Library de l'Université de Yale.
Ce rare exemple de planche gravée représente des
cartes de tarot. Le style des illustrations préfigure les
motifs du futur tarot de Marseille.

Au cours des six derniers siècles, les théories et les philosophies du tarot n'ont cessé d'être adoptées, transmutées et transformées par des artistes et des mystiques aux quatre coins de la planète. Chacun a livré sa propre interprétation de ce qui, désormais, est devenu une tradition de divination et de révélation durable, le jeu conservant à chaque nouvelle «incarnation» sa structure symbolique et numérique plus ou moins intacte : ainsi, les 22 cartes figuratives des arcanes majeurs et les 56 cartes des arcanes mineurs ont-elles assez peu varié. En revanche, la symbolique complexe du tarot, fondée sur la mythologie antique et les enseignements hébraïques, s'est enrichie de croyances ésotériques et occultes. La philosophie sous-jacente du tarot, élaborée dans les années 1600, a été approfondie par les écoles d'occultisme maçonnique et hermétique et par les sociétés secrètes des XIXᵉ et XXᵉ siècles, chaque génération mettant à profit l'héritage de la précédente. Ainsi, au début du XXᵉ siècle, l'organisation occulte américaine The Brotherhood of Light (la Fraternité de la Lumière) a mis au point un tarot fondé sur les écoles égyptiennes d'Etteilla et de Court de Gébelin. C. C. Zain, son fondateur, préconisait d'utiliser les cartes pour l'analyse de soi et pour établir une connexion avec un niveau supérieur de conscience. «Lorsque l'esprit inconscient concentre son attention sur l'obtention d'une information, les sens psychiques s'activent pour obtenir cette information», écrit-il en 1936 dans *The Sacred Tarot*. «Les cartes du tarot permettent à la fois d'orienter l'attention de l'âme vers l'acquisition d'information et d'élever cette information jusqu'à la région de la conscience objective.»

L'une des principales contributions à la tradition contemporaine du tarot est née de la collaboration de deux membres éminents de l'Ordre hermétique de l'Aube dorée (ou Golden Dawn). Cette société secrète, fondée en Angleterre à la fin du XIXᵉ siècle, se consacre à l'étude de l'astrologie, de l'occultisme, de la magie cérémonielle, ainsi qu'à celle de tous les phénomènes paranormaux. Samuel Liddell Mathers est l'un de ses cofondateurs et un passionné de tarot. Il encourage les autres membres de la société, non seulement à en étudier la tradition, mais également à créer leurs propres jeux. Dans son essai *The Tarot, Its Occult Significance, Use in Fortune-Telling, and Method of Play, Etc.* de 1888, Mathers définit les fonctions des cartes, donne un aperçu historique du tarot et propose divers procédés divinatoires.

De nombreux intellectuels, artistes et écrivains de l'époque, tels que le poète William Butler Yeats, Bram Stoker, l'auteur de *Dracula*, ou encore l'artiste et illustratrice Pamela Colman Smith, sont membres de la Golden Dawn (qui est également l'une des premières sociétés secrètes ouvertes aux femmes). Smith étudie l'occultisme avec ferveur et nourrit ses œuvres de ses «visions», de longues séances de méditation profonde. En collaboration avec le poète et érudit Arthur Edward Waite, membre de cette société, elle va réinventer le tarot du XXᵉ siècle.

Édité en 1910 par William Rider & Son, le jeu Rider-Waite-Smith remodèle très légèrement l'ordre des arcanes majeurs et modifie plus largement la vieille symbolique européenne. Sous l'influence des écrits et travaux d'Éliphas Lévi, le nom traditionnel des arcanes majeurs évolue quelque peu. Le Pape devient ainsi le Hiérophante, et la Papesse, la Grande Prêtresse.

Visuellement, ce tarot combine le style des premiers jeux italiens avec le talent artistique et le système iconographique de Pamela Colman Smith. L'intérêt de cette dernière pour le théâtre et les différents mythes tout comme la fascination de Waite pour la mystique chrétienne et la légende arthurienne y transparaissent de façon évidente. Les deux collaborateurs s'efforcent de parvenir « au sens derrière le sens, à un jeu illustrant la tradition secrète des archétypes universels », selon l'expression de Waite. Dans son ouvrage, *The Pictorial Key to the Tarot*, Waite écrit que « le tarot est, évidemment, allégorique – ce qui signifie que c'est du symbolisme – l'allégorie et le symbole étant catholiques – de tous les pays, nations et époques confondus ». Finalement, le jeu qui en résulte transformerait notre conception moderne du tarot. Quelques décennies après la sortie du Rider-Waite-Smith, un autre membre de l'Ordre hermétique de l'Aube dorée, l'occultiste Aleister Crowley, demande à Lady Frieda Harris, une artiste britannique, de réaliser 78 peintures pour le futur tarot de Thoth. Alors que Crowley décide d'assortir le jeu de significations dans la lignée de l'école de pensée du *Livre de Thoth* vu par Antoine Court de Gébelin, Lady Harris invente un système iconographique entièrement original.

Les cartes du tarot de Thoth, chargées d'un symbolisme complexe, sont illustrées de peintures recherchées qui mêlent la géométrie sacrée et les références littéraires et culturelles de l'époque. D'une structure similaire à celle du Rider-Waite-Smith, le jeu de Thoth comprend cependant plusieurs changements de noms dans les arcanes majeurs comme mineurs. Le Désir remplace la Force, et l'Art, la Tempérance. Le Monde adopte l'appellation plus large d'Univers. Les jeux de l'Ordre hermétique de l'Aube dorée vont avoir une influence importante sur l'évolution des cartes du tarot au siècle suivant, en incitant les artistes à interpréter l'imagerie traditionnelle à leur manière. De même que l'imagerie du tarot évolue parallèlement à l'histoire de l'art, les styles qu'elle adopte sont le reflet des différentes périodes, de la Renaissance à l'Art déco et du dadaïsme au collage numérique.

Jesse Bransford · *Rosy Cross Blue* · États-Unis · 2009
Cette œuvre contemporaine réinterprète une image

créée par l'Ordre hermétique de l'Aube dorée (Golden Dawn) à la fin du XIXᵉ siècle.

Souvent, l'iconographie figurative du tarot fait écho au courant mystique auquel l'artiste appartient et/ou à l'histoire de l'origine du tarot qui résonne le plus en lui. Mais cet art peut aussi être une expression individuelle et un cheminement esthétique et spirituel. Les artistes continuent à traduire le schéma symbolique et narratif des arcanes majeurs comme mineurs à travers divers médias (dessin au trait, peinture à l'huile, photographie, etc.), chaque génération s'attachant à faire évoluer la forme et à réinterpréter le mode d'expression. Cette démarche se poursuit de nos jours, de nouveaux tarots naissant sans arrêt dans le monde entier. Ce qui est resté magnifiquement intact, c'est la structure narrative du tarot, à l'inverse de sa forme, en perpétuelle évolution : celle-ci résonne avec le parcours de l'être humain au moyen d'un langage universel et symbolique. Six cents ans après avoir vu le jour, les archétypes du tarot existent toujours, illustrant la nature et l'esprit de l'humanité, comme liés par nos émotions et désirs communs.

Ainsi, étudier le tarot n'est rien d'autre que s'étudier soi-même. À l'instar de toutes les traditions ésotériques, le tarot vient nous rappeler l'universalité de ce désir de sens, de connexion avec le divin. Il n'est pas seulement l'histoire de gens en recherche, il est aussi et surtout un parcours artistique, où le crayon, l'encre et la peinture viennent illuminer et célébrer l'aventure humaine.

Salvador Dalí · « Death » dans le *Dalí Universal Tarot* · Espagne · 1984 Au début des années 1970, Dalí reçoit la commande d'un jeu de cartes de tarot pour le film de James Bond *Vivre et laisser mourir*. Bien que le contrat ne soit pas conclu, Dalí crée le jeu, dont une édition limitée sortira en 1984.

AUX
ORIGINES

Les premiers jeux & l'iconographie

L'art naissant du tarot reflète l'époque, le pays d'origine et le regard des artistes qui ont été les premiers à lui donner vie. Grâce aux recherches d'auteurs et de spécialistes contemporains comme Michael Dummett, Giordano Berti et Yolanda Robinson, il est ainsi possible de suivre les six siècles de son évolution. Celle-ci implique de multiples écoles de pensée et témoigne des diverses influences artistiques et culturelles.

Changements et expérimentations marquent les moments clés de l'histoire du tarot. Citons, par exemple, les 97 cartes du jeu, mâtiné d'astrologie, mis au point au début du XVIe siècle pour le minchiate italien. Ou encore la riche symbolique des premières cartes à jouer dans les jeux de société d'Allemagne, du Portugal, d'Espagne et de France. Les cartes y étaient réparties par couleurs, comme aujourd'hui.

Au fil des mutations qu'a connues le tarot, les collectionneurs, les amateurs et les éditeurs ont conservé son héritage bien vivant dans les archives et les bibliothèques privées, grâce aussi à des rééditions fidèles. Les jeux présentés dans les pages qui suivent ont contribué à cette évolution.

Jean Duchesne · Illustration de la Roue de Fortune extraite de *Jeux de cartes tarots* · France · 1844 Conservée dans les archives de l'éditeur Stuart Kaplan, «La Fortune» illustrait le livre de Jean Duchesne, publié en 1844 : *Jeux de cartes tarots et de cartes numérales du XIVe au XVIIIe siècle, représentés en cent planches d'après les originaux, avec un précis historique et explicatif.*

LA FORTUNE

VISCONTI-SFORZA
XVᵉ siècle

Les Visconti-Sforza sont les plus anciennes
cartes de tarot existantes, et font référence à
Filippo Maria Visconti, duc de Milan, et à son
gendre, Francesco Sforza, très probablement
leurs premiers commanditaires. De l'édition
restreinte ne subsistent que des séries incom-
plètes provenant de quelque 15 jeux différents.
Réalisées pour les *Trionfi* (les Triomphes), les
cartes rescapées sont des œuvres d'art, magnifiquement exécutées. Peintes à la main, minutieusement détaillées et dorées à la feuille, elles
représentent ce qui deviendra les futurs archétypes du tarot. Extrêmement rares, ces jeux
sont vraisemblablement sortis de l'atelier de
l'artiste milanais Bonifacio Bembo, dans la première moitié du XVᵉ siècle. La Morgan Library
de New York possède la version la plus complète du jeu Visconti-Sforza ; appelée « Pierpont
Morgan Bergamo », elle rassemble 74 cartes
sur les 78 d'origine. La Beinecke Rare Book
and Manuscript Library de l'Université de Yale,
aux États-Unis, en abrite une autre qui faisait
peut-être partie de la première série de jeux de
cartes acquise par le duc de Milan. Dans *Storia
dei tarocchi* (2007), Giordano Berti situe les
cartes de Yale entre 1442 et 1447.

MANTEGNA
XVᵉ siècle

Superbes estampes de la Renaissance, les jeux
de Mantegna (parfois appelés «tarot Baldini»)
datent de la seconde moitié du XVᵉ siècle.
Créées à l'origine pour jouer au tarocchi, les
cartes s'inspirent de la mythologie grecque et
romaine. La Bibliothèque nationale de France
et la National Gallery de Washington en pos-
sèdent deux séries différentes. Les chercheurs
débattent de l'ancienneté des cartes Mantegna,
sans doute originaires de Venise ou de Florence,
en Italie, et parfois considérées comme légèrement antérieures au jeu de Visconti-Sforza. Ils
ne s'accordent pas non plus sur l'artiste qui les
a réalisées. Si jusqu'au XIXᵉ siècle ils les attri-
buaient au peintre et graveur Andrea Mantegna
(d'où le nom du jeu), désormais, ils penche-
raient pour Baccio Baldini de Florence ou
Michele Pannonio de Ferrare. Précieux témoi-
gnages des gravures des maîtres anciens, les
cartes font référence de par leur imagerie aux
écoles d'ésotérisme hermétique et platonicien.

PRVDENCIAXXXV

B   35

SOLA BUSCA
XVᵉ siècle

Ces cartes aux couleurs vives font partie de l'un
des plus anciens jeux complets. Elles comptent
parmi les premières à avoir été imprimées à
partir de gravures sur métal, vers la fin du
XVᵉ siècle, sans doute dans le nord de l'Italie.
Le British Museum, à Londres, a acquis une
édition du jeu en 1845. En 1907, la famille
milanaise Sola Busca a soumis à des chercheurs
les photographies d'une version d'un jeu coloré
à la main, transmis de génération en génération.
Outre des dessins figuratifs illustrant des récits
et des personnages de mythes anciens, le Sola
Busca comporte des inscriptions en latin et
des chiffres romains. Ces exemples des débuts
de la gravure italienne ont probablement inspiré Pamela Colman Smith pour le jeu de Rider-
Waite-Smith, et Lady Frieda Harris, au début
des années 1900, pour le jeu de Thoth.

GRINGONNEUR
XVᵉ siècle

Il n'existe plus que 17 cartes de ce tarot connu
sous le nom de « Le Gringonneur » ou « Tarot
dit de Charles VI », conservées à la Bibliothèque
nationale de France. Longtemps attribué au
peintre miniaturiste Jacquemin Gringonneur,
qui l'aurait réalisé en 1392 pour le roi de
France Charles VI, ce jeu daterait plutôt
de la fin du XVᵉ siècle et viendrait du nord de
l'Italie, comme semble l'attester l'analyse des
matériaux effectuée grâce aux nouvelles tech-
nologies. Ces arcanes, riches de détails, sont
de véritables œuvres d'art. En 2003, Giordano
Berti, spécialiste du tarot, et Jo Dworkin, illustrateur, ont restauré et réinterprété cette imagerie dans un jeu de 78 cartes, en restant aussi
fidèles que possible à l'original. Baptisé Golden
Tarot of the Renaissance (« Le Tarot doré de
la Renaissance »), il a été édité en 2004.

TAROT DE MARSEILLE
XVIIe siècle

Le tarot de Marseille, au style graphique et
aux couleurs chatoyantes, porte le nom de sa
ville d'origine. Réputée pour la qualité de ses
imprimeries, Marseille a édité de nombreux
exemplaires du jeu. D'après Michael Dummett,
philosophe britannique et auteur d'ouvrages
sur le tarot, la France a importé ce jeu d'Italie
entre la fin du XVe et le début du XVIe siècle.
Les premiers exemplaires du tarot de Marseille
sont l'œuvre du maître cartier Jean Noblet.
Imprimés à Paris dans les années 1650 à partir
de gravures sur bois, leurs motifs tirés de l'imagerie chrétienne vont séduire des mystiques
du XIXe siècle comme Éliphas Lévi et Gérard
Encausse (dit Papus) ou, plus récemment,
le réalisateur et spécialiste du tarot Alejandro
Jodorowsky, dont l'ouvrage *La Voie du tarot*,
écrit en collaboration avec Marianne Costa,
est devenu un classique. De nombreux jeux de
tarot se sont largement inspirés des illustrations et de l'iconographie du tarot de Marseille,
lequel est devenu une référence.

ETTEILLA
XVIIIe *siècle*

Imaginé par l'occultiste français Jean-Baptiste
Alliette, Etteilla de son nom de plume, le jeu
se démarque nettement des tarots des cours
italiennes de la Renaissance par son imagerie.
Les personnages sont surtout figurés en pied
tandis que les sujets sont souvent associés à
des correspondances astrologiques ou astrono-
miques. Les jeux de la première édition du
tarot d'Etteilla étaient accompagnés de textes
présentant le tarot comme un moyen de pré-
diction. Alliette est sans doute l'un des premiers à prêter des propriétés divinatoires
aux cartes des arcanes majeurs, et on lui doit
sans doute aussi le terme «cartomancie».
Son traité *Etteilla, ou manière de se récréer avec
un jeu de cartes*, publié en 1770, va ouvrir la
voie au tarot divinatoire et aura une profonde
influence sur la symbolique des nombreux
systèmes de tarot ultérieurs.

Force Majeure.

Force Majeure.

RIDER-WAITE-SMITH
XXe *siècle*

Publié au début du XXe siècle, le jeu Rider-
Waite-Smith qui résulte d'une fructueuse
collaboration entre l'artiste et illustratrice
Pamela Colman Smith et l'occultiste Arthur
Edward Waite se démarque de l'iconographie
primitive du tarot. Membres de la Golden
Dawn (Ordre hermétique de l'Aube dorée),
société secrète fondée au XIXe siècle, les deux
créateurs ont revisité les arcanes classiques en
y incorporant les enseignements de l'ordre.
La structure numérique du Rider-Waite-Smith
s'écarte ainsi légèrement de la tradition pour
mieux correspondre aux croyances astrologiques et ésotériques de la Golden Dawn. Ce
tarot doit son succès notamment au talent
artistique de Pamela Colman Smith, qui a su
intégrer la symbolique de Waite dans un style
désormais emblématique, imité ensuite dans
d'innombrables jeux.

THE SUN .

LES ARCANES MAJEURS

Le voyage de l'âme

Un candide quitte son foyer pour se mettre en route, ignorant les bonnes surprises et les dangers qui l'attendent. En chemin, il prend conscience de son propre pouvoir, mesure la profondeur de son moi intérieur. Il affronte ses faiblesses et ses peurs, se découvrant alors une force qu'il ignorait. Il aime. Il souffre. Il commet de graves erreurs. Il se relève pour fêter joyeusement ses succès. Il médite. Il danse. Il pleure. Lors de son parcours sur un chemin semé d'embûches et tortueux, il évolue et finit par se connaître sous toutes ses facettes : corps, caractère et esprit.

Le récit universel des arcanes majeurs du tarot évoque l'existence humaine, le passage lent et douloureux de l'innocence à l'illumination. Les 22 cartes des arcanes majeurs, le plus souvent figuratives, font appel à un langage purement symbolique, inspiré du paganisme, du christianisme et de la kabbale, mais elles utilisent également des références astrologiques, numérologiques, mythologiques et archétypales.

Numéroté de 0 à 21, l'arc des arcanes majeurs débute (et se termine parfois) par le Fou, d'une ignorance béate et d'un optimisme aveugle alors qu'il accomplit ses premiers pas vers l'abîme. C'est au terme du voyage, une fois les obstacles surmontés et les batailles remportées, que notre moi intérieur se révèle. Les archétypes rencontrés tout au long du chemin symbolisent les caractères immuables de l'esprit humain : divin, masculin et féminin, asexué et animal, soit toutes les dimensions de la psyché explorées sous une multitude de formes.

Le tarot s'apparente ainsi au voyage du héros de Joseph Campbell, à la psychologie des archétypes développée par Carl G. Jung et à l'*Odyssée* d'Homère. Toutefois, les arcanes majeurs s'intéressent à ces idées exclusivement sous l'angle de l'expression artistique et symbolique. Les cartes, associées aux lettres hébraïques, aux principaux signes du zodiaque et à des symboles totémiques empruntés

John Trinick & A. E. Waite · *The Waite-Trinick Deck* Australie / Angleterre · 1923 Le deuxième jeu important de l'occultiste et érudit Arthur Edward

Waite est le résultat de sa collaboration avec l'artiste John Trinick. Il a été autoédité en 1923.

XXXII

aux religions et civilisations antiques, fourmillent d'informations. Théorie des couleurs, numérologie et riche symbolisme du monde naturel participent aussi au dialogue, à travers une montagne de métaphores, une rivière de féminité, une lune irradiant le sentiment maternel.

Les arcanes majeurs mettent en évidence l'étonnante solidité du vocabulaire complexe du tarot. La structure symbolique et l'imagerie du jeu ont résisté à six siècles de réinterprétations et de soubresauts politiques et culturels. Certes, il y a eu des changements et des réinterprétations, mais ils paraissent infimes au regard des mutations que notre monde a subies. Et si le tarot offre une grande variété de styles artistiques, reflet des recherches graphiques de chaque époque, l'iconographie des arcanes majeurs, quant à elle, ne s'est guère éloignée de celles des premiers jeux connus.

Un changement, cependant, est notable : les premiers jeux n'étaient pas, le plus souvent, numérotés. Un système a été élaboré par la suite, aboutissant à une forme standard qui intègre des éléments de numérologie et d'astrologie et attribue aux cartes des arcanes majeurs un nombre précis. Chacune a ainsi un sens numérologique. Le 2, par exemple, est la carte du couple et de l'union ; le 7 incarne l'action et le progrès. Les nombres pairs sont habituellement associés à la stabilité alors que les nombres impairs indiquent le changement et l'évolution. Le tarot est circulaire, la fin correspondant également au commencement.

Souvent aussi, les nombres se rattachent au zodiaque. Traditionnellement, dans la numérotation originelle, la carte de la Force est le 11, celle de la Justice, le 8. Il en a été ainsi jusqu'au très populaire et influent tarot Rider-Waite-Smith, qui les modifia pour les accorder aux correspondances astrologiques adoptées par l'Ordre hermétique de l'Aube dorée. Au début du XXe siècle, le jeu reflète le dogme de cette société secrète, qui associe la huitième carte au Lion et la onzième à la Balance, un ordre que la plupart des jeux contemporains respectent. Les deux versions numérologiques du tarot sont aussi valables l'une que l'autre. Dans cet ouvrage, l'ordre adopté est celui, plus moderne, du jeu Rider-Waite-Smith.

Prises dans l'ordre de leur numérotation, les cartes des arcanes majeurs narrent une histoire familière, celle que, depuis les peintures rupestres de la préhistoire, les êtres humains ne cessent de raconter. Nous sommes les héros de notre propre voyage. Nous avançons dans la vie, motivés par le désir de nous épanouir et de grandir. Selon le tarot, nous naissons dans le vide (comme le suggère le nombre 0), d'où nous émergeons sous la forme du Fou avant de nous transformer en Bateleur (appelé aussi Mage) et de mettre en œuvre nos qualités de persévérance et d'obstination. À mesure que nous avançons, nous nous connectons à la Papesse et l'Impératrice ouvrant ainsi les portes à la dualité, au monde intérieur, à l'intuition et à la créativité féconde. Le Pape et l'Empereur offrent discipline, connaissances savantes et soutien. Les Amoureux mettent en lumière le besoin de relations plus profondes avec les autres. Le Chariot demande que nous prenions les rênes et contrôlions notre destin.

La Force vient nous rappeler que la puissance de la douceur l'emporte toujours sur la force brutale. L'Ermite nous autorise à prendre du recul, à nous retirer en nous-mêmes et à nous taire. Tournant sans état d'âme, la Roue de Fortune nous hisse au sommet de ses rayons puis, parfois, nous écrase de tout son poids. Le changement est inéluctable. La Justice nous avertit que toutes les actions ont des conséquences. Le Pendu réclame la libération de l'ego, tandis que la Mort conduit à la transformation et à la renaissance. La Tempérance est un moment d'apaisement et d'équilibre alors que le Diable commet des méfaits pour éprouver nos idées et nos croyances. Lorsque la Tour apparaît, en flammes, avec des pierres qui tombent, c'est qu'il est temps de repenser, réorganiser ou abandonner ce qui était pour faire place à l'avenir. Avec elle, nous tuons nos idoles, détruisons nos peurs et mettons le feu à notre passé. Dans le silence qui s'ensuit, l'Étoile se lève, apportant l'espoir et le calme après la tempête. La lumière décroissante de la Lune nous met en garde contre le risque de tomber

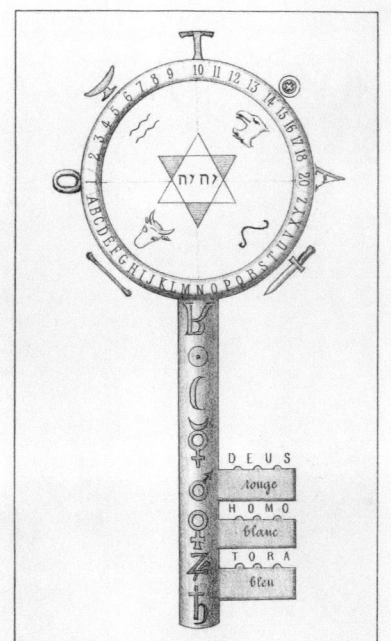

dans la désillusion, tandis que le Soleil, synonyme de clarté et de catharsis, annonce l'imminence de la révélation. Le Jugement incite au pardon, préparant la voie au Monde qui marque la fin du voyage, c'est-à-dire le moment où le moi se fond dans le grand tout.

Que de nombreux artistes et mystiques aient nourri le tarot de leurs propres conceptions n'a pas empêché les arcanes majeurs de relater le même récit visuel et cathartique de l'histoire humaine. Un récit créé pour nous amener à découvrir et reconnaître notre moi profond.

Connaître le tarot, c'est commencer à se connaître soi-même. Comme l'a écrit Carl G. Jung : «Votre vision devient claire lorsque vous pouvez regarder dans votre cœur. Celui qui regarde à l'extérieur de soi ne fait que rêver ; celui qui regarde en soi se réveille.»

Papus · *Clé absolue des sciences occultes* · Espagne / France · 1892 Le spécialiste du tarot Gérard Encausse, plus connu sous le pseudonyme de Papus, a créé cette illustration pour la couverture de son traité fondateur sur la cartomancie, *Le Tarot des Bohémiens*, publié à Paris, en 1889. Ce dessin, à la symbolique sacrée complexe, représente ce que Papus appelle «la clé absolue des sciences occultes».

LE MAT.

QUALITÉS
Soif de vivre
Commencement
Aventure

SYMBOLES
Petit baluchon
Petit animal
Précipice

O

LE FOU

ש

VERS L'INCONNU

Le Fou marque le début du voyage à travers les arcanes majeurs. Souvent représenté comme un jeune homme, il marche au bord d'une falaise ou d'un précipice, le pied souvent dirigé comme s'il s'apprêtait à sauter dans le vide. Il ignore complètement le danger qui le menace. Ses vêtements et son couvre-chef de couleurs vives, généralement bleues, rouges ou jaunes, affichent parfois des symboles. Sur une épaule se balance le baluchon qui contient ses affaires et qu'il porte attaché à l'extrémité de son bâton. De l'autre main, il s'appuie sur une canne ou tient une rose blanche, signe de sa pureté et son innocence. Un petit chien ou un autre petit animal trotte souvent à ses pieds, compagnon fidèle et loyal qui partage ses aventures. À l'arrière-plan, le soleil et des montagnes enneigées matérialisent sa destination finale, la voie mystique menant à l'illumination. Le Fou est un esprit naissant en quête d'aventure. Sorti du vide, il entreprend son voyage avec l'innocence du nouveau-né. Son histoire n'est pas encore écrite, son potentiel est infini, tout et rien à la fois. Il n'est pas doté de raison, mais plutôt d'intuition, se laissant guider par son instinct. Naïf, spontané, page blanche attendant la première goutte d'encre, le Fou n'a aucune attente, pas de passé. Il est obstiné, irréfléchi, indomptable. Il tire son énergie et sa capacité à se renouveler sans cesse de son propre commencement, poussé vers l'avant par ses impulsions et une création cathartique.

Pierre Madenié · *Tarot de Marseille (type II)* · France 1709 Musée national suisse à Zurich. Le type II est l'un des premiers tarots de Marseille créés en France à la fin du XVIe-début du XVIIe siècle. Il est attribué à l'imprimeur Pierre Madenié établi à Dijon.

0

The Fool

Mary Elizabeth Evans/Spirit Speak · *Apparition Tarot* · États-Unis · 2018 Ce jeu créé par Mary Elizabeth Evans fait partie de la série «Spirit Speak». L'approche féministe qu'a cette artiste, originaire du Tennessee, de l'histoire et de l'art populaire du sud des États-Unis transparaît dans les illustrations.

Paula Duró · *The Fool* · Argentine · 2019 L'artiste sud-américaine Paula Duró puise souvent dans les mythes et l'ésotérisme. Dans son travail sur le tarot et le zodiaque, elle renouvelle l'iconographie traditionnelle en intégrant des personnages féminins et des détails tirés de la nature.

15/150

Taylor McCall · *The Major Arcana of the Tarot as Described by P. D. Ouspensky* · Bocaccio Press · 1975
Le jeu, illustré par Taylor McCall, se fonde sur les écrits de P. D. Ouspensky et sur son traité sur le tarot publié en 1913. Les illustrations de cet ouvrage, au tirage limité, sont des sérigraphies en couleurs.

Lori Walls · *Tarot Erotica* · États-Unis · 1999
Publié par QED Games, ce jeu rare et épuisé depuis longtemps, de la main même de l'artiste Lori Walls, célèbre «l'énergie dynamique entre l'homme et la femme avec une symbolique évidente».

I iL mago

QUALITÉS
Détermination
Habileté
Création

SYMBOLES
Baguette
Autel
Signe de l'infini

I

LE BATELEUR

א

LE DÉSIR DANS LA CRÉATION

Le Bateleur se dresse derrière un autel ou une table. Une main pointée vers le ciel, l'autre vers la terre, c'est-à-dire «le haut et le bas» qui représentent la relation entre le ciel et la terre, le monde extérieur et la conscience intérieure. Le Bateleur est le lien qui les unit, le passage qui les relie. Sa main levée tient une coupe en or ou une baguette. Un ruban doré entoure parfois sa tête. Devant lui, sur l'autel, ses outils sont soigneusement rangés. Dans la majorité des jeux, ceux-ci représentent les quatre couleurs (Coupes, Deniers, Bâtons, Épées), qui symbolisent à la fois les quatre points cardinaux et les quatre éléments : air, feu, terre et eau. Il arrive que des miches de pain et un plat blanc figurent sur l'autel. La carte montre assez souvent le symbole de l'infini, l'ouroboros. Serpent se mordant la queue, il est le symbole de l'éternité et de la transmutation. Le Bateleur incarne la volonté pure et la détermination sans faille. Maîtrisant la puissance des royaumes spirituel et matériel, il transforme, transmute et apporte le changement par toutes sortes de procédés, utilisant tous les outils dont il dispose. Tout à son objectif de créer, il satisfait ses désirs grâce à l'alchimie. Il est vigoureux, puissant, capable d'exploiter la force de l'univers et d'unir son corps et son esprit pour atteindre son but. Habile et doté d'imagination, il mobilise sa pensée et ses émotions pour mener à bien ses entreprises et parvenir au résultat final. Le Bateleur est le potentiel réalisé, l'action devenue création.

Alexander Daniloff · *Tarot by Alexander Daniloff*
Russie/Italie · 2010 L'artiste a réalisé une œuvre
très variée. De son intérêt pour le tarot ont résulté
de nombreux jeux qui se réfèrent notamment au
symbolisme du Moyen Âge.

Julia Turk · *Navigators Tarot of the Mystic Sea*
États-Unis · 1997 Julia Turk a travaillé sept ans
à ce jeu très symbolique, aux images fourmillant de
détails. Elle a étudié les enseignements de la kabbale et de Jung, et élaboré sa propre mythologie.

Domenico Balbi · *Tarot Balbi* · Italie · 1976
Domenico Balbi a mélangé les symbolismes kabbalistique, astrologique et alchimique avec une sensibilité pop art affirmée. Ce peintre italien prolifique
puise fréquemment son inspiration dans l'ésotérisme
et les sujets occultes.

Victor Brauner · *The Surrealist (Le Surréaliste)*
Roumanie/France · 1947 Pièce de la collection
Peggy Guggenheim, à Venise, cette peinture à l'huile
de Victor Brauner, surréaliste et dadaïste d'origine
roumaine, est un intéressant autoportrait de l'artiste

sous l'aspect d'un jeune homme qui s'inspire de
l'imagerie traditionnelle du tarot de Marseille. Outre
Brauner, l'imagerie et le symbolisme du tarot ont
influencé les cercles artistiques surréalistes d'Europe,
d'Amérique du Sud et des États-Unis.

Emil Aminollah Kazanlár · *Kazanlár Tarot* · Iran/Hongrie · 1990 Édité à l'origine sous le nom de tarot œcuménique, le jeu d'Emil Kazanlár mêle les iconographies chrétienne et islamique. Un luxe de détails et une riche palette de couleurs rehaussées de dorures caractérisent son style. Très expressives, les images des arcanes majeurs et des arcanes mineurs rappellent l'héritage iranien de Kazanlár ainsi que le folklore et l'art de la Hongrie, son pays d'adoption.

QUALITÉS
Rêve
Intuition
Subconscient

SYMBOLES
Temple · Croix
Couronne
Rouleau

II

LA PAPESSE

ב

L'INTUITION DIVINE

La Papesse trône entre deux piliers qui se réfèrent au temple de Salomon, le premier de la Bible hébraïque. Les colonnes symbolisent la dualité, le masculin et le féminin, le négatif et le positif. Siégeant entre les deux, la Papesse est investie d'un rôle de médiatrice et de garante de l'équilibre. Elle est la voie centrale qui unit l'obscurité et la lumière. Souvent, elle est représentée derrière un léger voile orné de grenades, un signe de fertilité, de renaissance, qui évoque aussi le mythe grec de Perséphone et son voyage dans le monde souterrain. La croix que la Papesse porte sur sa robe bleue représente la connaissance du divin. Sa couronne l'associe au culte rendu aux déesses antiques, et l'inclusion d'un croissant de lune symbolise son affinité avec l'intuition et le subconscient féminins. La Papesse tient parfois un rouleau où figure le mot «TORA» (ou Torah). Elle est la gardienne du sacré, du subconscient et des mystères cachés de l'inconnu. La Papesse donne accès au monde des rêves tout en apportant la sagesse terrestre. Elle rappelle qu'il faut écouter sa voix intérieure, s'installer dans le silence et trouver un équilibre au sein des contraires. Circulant entre l'ombre et la lumière, elle va et vient, à l'instar des cycles des saisons et de la rotation du Soleil et de la Lune. Assise au seuil du conscient et du cosmique, la Papesse incite à voir au-delà, plus profondément, là où l'intuition permet une meilleure compréhension. Exigeant émotion et compassion, équilibre et légèreté, elle indique une illumination, voire l'éveil. Elle appelle à sentir plutôt qu'à penser, à choisir l'empathie et la tendresse plutôt que le désordre et la destruction.

Manzel Bowman · *Manzel's Tarot* · États-Unis 2017 Parcourus par des thèmes afro-futuristes, les travaux de collage numérique et d'art plastique de Manzel Bowman figurent des paysages et une iconographie utopiques, aux sous-entendus mystiques et mythologiques.

II

The High Priestess

Margarete Petersen · *Margarete Petersen Tarot*
Allemagne · 2001 L'artiste apporte une touche fantastique et féminine aux traditions du tarot. Luisa Francia,
féministe de gauche et autrice ésotérique, a rédigé
l'introduction du livre qui accompagne le jeu.

Joyce Eakins & Pamela Eakins · *Tarot of the Spirit*
États-Unis · 1992 Mère et fille ont collaboré pour
réaliser ce jeu où les arcanes sont traités sous l'angle
de la cosmologie, de la psychologie, des religions
comparées et de la kabbale.

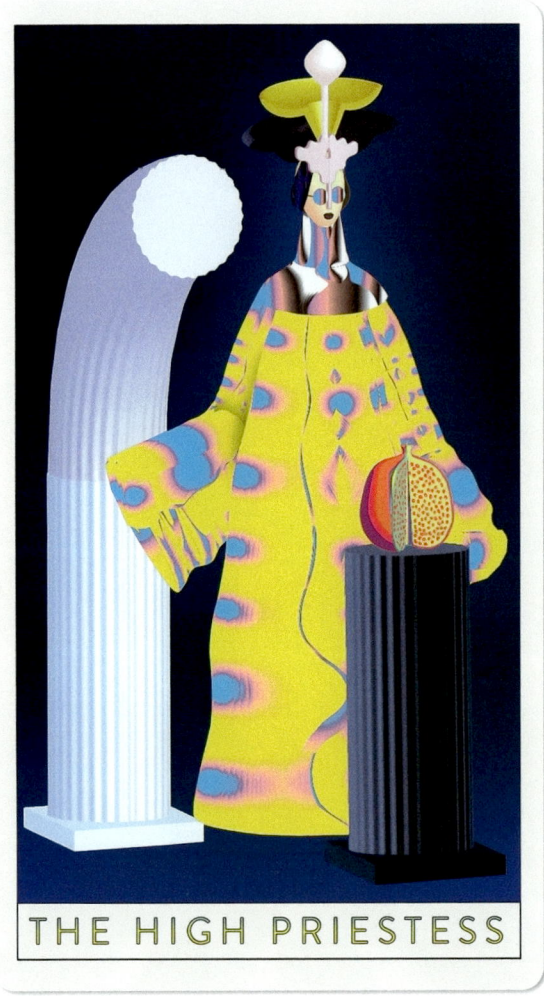

THE HIGH PRIESTESS

Ohni Lisle · Cartes de tarot réimaginées pour le magazine *Missy* · États-Unis · 2018 Pour le magazine allemand *Missy*, l'artiste a transformé le genre des arcanes majeurs en une série à prédominance féminine. Le style graphique énergique joue avec bonheur des couleurs éclatantes.

Giancarlo Carloni · *Annabella Magie Noire Tarot* Italie · 1979 Commandé par Lancôme, une marque du groupe L'Oréal, pour le lancement de son dernier parfum, le tarot de l'artiste italien se compose d'une série de cartes très détaillées, aux couleurs vives.

III

THE EMPRESS

III

L'IMPÉRATRICE

ג

NAISSANCE DU TRIUMVIRAT

Dans la plupart des jeux, l'Impératrice incarne la fertilité, la créativité et la puissance divine féminine. Douze étoiles la couronnent, soulignant ses liens avec le monde mystique, le zodiaque et les saisons. À chaque étoile sont associés une planète et un mois de l'année. L'Impératrice tient un sceptre dans une main et un bouclier (parfois un orbe) dans l'autre. Du haut de son trône, elle règne sur la nature, la créativité et la croissance. De nombreux occultistes associent sa couronne et son trône au culte de la déesse Vénus ou Aphrodite. Dans les anciens jeux, le bouclier porte un aigle, emblème héraldique de l'Empire romain. Dans d'autres, il prend la forme d'un cœur frappé du symbole de Vénus. Une représentation de la déesse apparaît parfois sur la couture du coussin ou sur le collier de perles. Comme le voile de la Papesse, la luxueuse robe rouge de l'Impératrice est parsemée de grenades, symbole de fertilité et de renaissance. Une nature riche et luxuriante entoure la souveraine : forêt verdoyante, rivière sinueuse, champs de blé doré et agité par le vent. L'Impératrice est la mère cosmique, pleine de vie, d'idées et de désirs. Son pouvoir féminin, multiforme et illimité, est sexuel, créatif et nourricier. Son énergie coule sans retenue. Elle secrète l'abondance, la beauté et le glorieux plaisir des sens. Elle met en évidence l'exquise splendeur du monde naturel, la feuille miroitant au soleil, la nuit d'un noir d'encre. Régnant sur la terre et sur les cieux, elle célèbre à la fois le corps et l'esprit mystique. Elle sollicite une attention portée aux sens du goût, du toucher, de l'odorat et de l'ouïe. Elle appelle une heureuse naissance et une évolution. La création, quelle qu'elle soit, de l'enfant au bouton de rose ou à une symphonie, relève de son domaine.

Niki de Saint Phalle · *Niki de Saint Phalle Tarot* France/États-Unis · 1987 Dans les années 1960, Niki de Saint Phalle est l'une des premières femmes issues du pop art, mouvement dominé par les hommes. Pluridisciplinaire, l'artiste s'exprime par la sculpture, la performance, etc.

Jen May, Jessa Crispin & Tara Romeo · *Spolia Tarot*
États-Unis · 2017 Œuvre collective de l'artiste Jen
May, de l'autrice Jessa Crispin et de la graphiste
Tara Romeo, ce jeu de tarot prend pour modèle
le minchiate, un ancien jeu italien, et s'inspire des
mythes, de l'histoire et de la nature.

Caroline Smith & John Astrop · *The Elemental Tarot*
États-Unis · 1999 Fruit de la collaboration entre
l'artiste Caroline Smith et l'auteur John Astrop, ce jeu
repose sur un système symbolique dense qui joue
avec les mots, les phrases, les associations astrologiques et les éléments – air, eau, terre et feu.

Sebastian Haines · *Tarot of the Golden Serpent*
États-Unis · 2013 Les peintures à l'huile sur toile
qui composent ce tarot de l'artiste contemporain
Sebastian Haines ont été réalisées entre 2009
et 2013.

James Wanless & Ken Knutson · *Voyager Tarot*
États-Unis · 1985 Reposant sur la technique du collage, l'imagerie de ce jeu se nourrit d'une variété de
cultures. Méthode d'exploration de soi, le Voyager
a un style moderne et une structure numérique basée
sur celle des premiers tarots de Marseille.

QUALITÉS
Masculinité
Force
Contrôle

SYMBOLES
Trône
Sceptre
Montagnes
Bouclier

IV

L'EMPEREUR

ד

L'ARCHITECTURE DU POUVOIR

Souverain inébranlable, l'Empereur siège sur un trône de pierre orné de quatre béliers, qui symbolisent son association astrologique avec le Bélier et la planète Mars. Il brandit le sceptre du pouvoir (parfois sous la forme du hiéroglyphe égyptien *ankh*, symbole de vie) et un orbe, représentation des domaines sur lesquels il règne sans partage. Arborant le plus souvent une barbe, indice de sagesse, de maturité et de virilité, il est représenté assis au pied de montagnes dentelées rappelant la solidité de son assise et les sommets qu'il gravira grâce à une détermination sans faille. À l'arrière-plan coule parfois une rivière, indiquant qu'il n'est pas dépourvu d'émotions. Volonté de fer et intelligence guident son gouvernement. La couronne en or et la robe rouge représentent sa pleine autorité. Certains jeux anciens incluent aussi contre le trône un bouclier décoré de l'aigle de l'Empire romain. D'autres figurent l'Empereur en tenue de combat, comme prêt pour la bataille ou en revenant victorieux. L'Empereur représente le pouvoir absolu, le divin masculin, le père cosmique. Il est l'autorité et l'ordre, la réglementation et la rationalité. Il préside aux systèmes du savoir, de la discipline, de la stratégie et de la loi. Sa règle est ferme mais paternelle. L'Empereur s'appuie sur l'organisation et l'encadrement pour créer sécurité et stabilité. Il protège et ordonne, possède clarté de vue et équilibre de l'esprit. Il exige la loyauté et l'ordre, et dirige avec calme et une force mesurée. Structuré et méthodique dans son approche, il mène toutes les tâches à bien. Sa sagesse lui recommande de faire bon usage de ses prérogatives, aussi dirige-t-il avec bienveillance.

Godfrey Dowson · *The Hermetic Tarot* · États-Unis 1980 Créé par Godfrey Dowson et édité par U.S. Games Systems, ce jeu en noir et blanc, fourmillant de détails, restitue le système ésotérique établi à la fin du XIXᵉ siècle par l'Ordre hermétique de l'Aube dorée.

Françoise Corboz · *Le Tarot de Belmont* · Suisse 1995 Création de l'artiste suisse Françoise Corboz, ce tarot ne comporte que les 22 cartes des arcanes majeurs. Les motifs complexes des archétypes sont exécutés dans un style graphique dynamique.

Amy Ericksen & Isha Lerner · *Tarot of the Four Elements* · États-Unis · 2004 Ce tarot, avec les illustrations puissantes d'Amy Ericksen assorties du livre de l'autrice Isha Lerner, puise son inspiration dans la nature et le chamanisme et leur donne sens via des masques, totems et mythes.

El Emperador o el Príncipe alquimista.

Suárez · *Apología del libro de Thot Tarot* · Espagne 1980 À travers le prisme du symbolisme égyptien et de l'art figuratif, ce jeu de tarot s'inspire en partie du style des cartes du Brotherhood of Light conçu au début du xxᵉ siècle par l'Église de la Lumière, une organisation occulte établie à Los Angeles.

Peter Dunham & Linnea Gits de l'atelier Uusi *Pagan Otherworlds* · États-Unis · 2016 Nature, mysticisme celtique et art de la Renaissance caractérisent ce jeu à l'édition limitée. Les illustrations peintes à l'huile sont l'œuvre de Linnea Gits et les légendes écrites à la main du graphiste Peter Dunham.

IV

The Emperor

V

THE HIEROPHANT

QUALITÉS
Sagesse
Enseignement
Guide intérieur

SYMBOLES
Temple
Robe
Croix
Geste de bénédiction

V

LE PAPE

ה

L'ILLUMINATION DANS LA SOLITUDE

Le Pape porte une robe raffinée bleu, rouge et blanc et une tiare faite de trois couronnes superposées. Son costume matérialise les trois mondes dans lesquels il réside : la conscience, le subconscient et la supraconscience. Comme la Papesse, il siège dans un temple sacré. Main droite levée, deux doigts pointés vers le ciel et deux autres repliés vers la terre, il fait le geste de la bénédiction. Sa main gauche tient généralement une croix à trois branches (ou pontificale) qui fait écho à la symbolique chrétienne du Père, du Fils et du Saint-Esprit. Dans certains jeux, deux personnages sont assis ou agenouillés auprès de lui, prêts à diffuser sa sagesse et sa connaissance. Dans d'autres, des clés entre-croisées posées aux pieds du Pape évoquent l'accession aux grands mystères et l'équilibre entre l'intelligence et l'esprit intérieur. Le Pape est un professeur et un voyant, un philosophe et un poète. Il sait l'importance de la connaissance et réclame une compréhension intime du monde extérieur et du subconscient méditatif. Il est conformiste dans son approche et précis dans l'étude. Il symbolise l'organisation, les institutions et les valeurs fondamentales de l'éducation. Il respecte le dogme et ne se prononce en faveur d'une action énergique qu'après une mûre réflexion, un échange rationnel et une discussion avec des conseillers de confiance. Il insiste sur l'importance de transmettre la sagesse, exigeant que tous les maîtres deviennent des conseillers. Pour lui, la connaissance acquise doit être partagée. Il symbolise le rituel sacré, le dogme bien établi de la religion traditionnelle et l'adhésion à une longue tradition. Le Pape est un sage, un meneur, un gourou, qui guide clairement et douce-ment sur la voie d'une connaissance plus large et d'une compréhension plus profonde.

Yoshitaka Amano · *Amano Tarot* · Japon · 2000
Yoshitaka Amano s'est d'abord fait connaître comme scénographe et concepteur de personnages de films d'animation japonais. Son travail est marqué par l'Art nouveau, les techniques de l'estampe japonaise et l'art de la bande dessinée classique.

Francesco Clemente · *V The Pope (Jasper Johns)*
Italie · 2011 *The Tarots* est une série de peintures
à l'encre, aux crayons de couleur, à l'aquarelle et
à la gouache, qui prend les arcanes majeurs pour
thème. Les amis de Clemente y personnalisent les
archétypes essentiels du tarot.

Susan Jameson & John Bonner · *Via Tarot: The Path
of Life* · Angleterre · 2002 Œuvre de collaboration,
ce tarot s'inspire de la symbolique de la kabbale et
des arcanes développée par le mystique et érudit
Aleister Crowley, au début du XXe siècle. Le jeu est
assorti d'un livret de 166 pages.

Alika Lindbergh & Maud Kristen · *Tarot of Eden*
Belgique/France · 2005 La description des attributs
par la spécialiste du tarot et autrice Maud Kristen
accompagne les illustrations de l'artiste Alika
Lindbergh. Chargé de symboles, ce tarot porte un
regard contemporain sur la tradition du tarot.

Nicholas Kahn & Richard Selesnick · *The Carnival
at the End of the World Tarot* · États-Unis · 2018 Le
duo d'artistes expose photographies et installations
dans le monde entier. Leur incursion dans l'univers
du tarot s'est traduite par six archétypes supplémentaires, portant à 84 le nombre de cartes du jeu.

The Hierophant

THE LOVERS

QUALITÉS	SYMBOLES
Amour de soi	Chérubin ou ange
Relations amoureuses	Arbre de vie
Dualité	Serpent
	Pomme

VI

LES AMOUREUX

ו

L'HARMONIE EN OPPOSITION

Un homme et une femme se tiennent debout, à légère distance l'un de l'autre, avec derrière eux les montagnes et le soleil haut dans le ciel. Un chérubin ou un ange, ailes étendues, plane au-dessus d'eux. Les Amoureux sont parfois représentés par trois personnages, celui du milieu ayant le choix de se tourner vers l'un ou l'autre. Plusieurs jeux anciens représentent les Amoureux s'ébattant dans le jardin d'Éden, le paradis terrestre. L'Arbre de vie, chargé de douze fruits, y figure parfois, de même que l'arbre biblique de la connaissance du bien et du mal. Les Amoureux sont encore vus comme un couple célébrant son mariage ou bien identifiés à Adam et Ève et l'ange à Raphaël. Associé à l'air et aux Gémeaux, ce dernier incarne la communication et l'équilibre, des qualités inhérentes à l'épanouissement de toutes les relations humaines. La carte des Amoureux exprime l'attirance et le désir, le mariage des contraires, la fusion harmonieuse du sacré et du profane. La dualité décrite ici renvoie à l'équilibre du yin et du yang, l'union des deux forces contraires. La distance entre les personnages représente le pouvoir de choisir et les responsabilités qu'implique la relation aux autres. Cette carte réclame équilibre et émotion authentique, demande à aimer en lâchant prise, à donner sans recevoir et à maîtriser sans assujettir. Les Amoureux soulignent aussi la nécessité d'avoir une construction personnelle et un épanouissement individuel avant de s'engager dans une union. L'amour de soi est ainsi la seule voie pour un lien mature et élevé. En défendant ses croyances intérieures, les vrais désirs se manifestent.

Osho & Ma Deva Padma · *Osho Zen Tarot: The Transcendental Game of Zen* · États-Unis · 1995 La carte est ainsi décrite : «Bouddha a défini la compassion comme "l'amour plus la méditation" […] "donner pour la seule joie de donner" […] Telle est la compassion, […] le phénomène le plus élevé.»

Rudolph Pointner · *Pointner Tarot* · Autriche · 1974
Appelé aussi «Piatnik Wien», ce superbe et rare
tarot a été créé au début des années 1970. Le jeu,
aux couleurs vives et aux légendes écrites à la main,
est assorti d'un livret de 28 pages et de deux arcanes
supplémentaires, portant à 80 le nombre de cartes.

Ricardo Cavolo · *Tarot del Fuego* · Espagne · 2014
Ce jeu reprend les arcanes du tarot de Marseille et
les traite dans un style graphique énergique. Édité
par Naipes Heraclio Fournier en 2014, ce tarot
traduit autant les influences du pop art que celles
du tatouage underground.

VI GLI INNAMORATI

Alexander Daniloff · *Tarot by Alexander Daniloff*
Russie/Italie · 2010

Jonathan Saiz, Jason Gruhl & Andi Todaro
The Fountain Tarot · États-Unis · 2017 Création
conjointe de l'artiste Jonathan Saiz, de l'auteur
Jason Gruhl et de la créatrice Andi Todaro, ce jeu
de tarot est une réinterprétation contemporaine
de l'iconographie traditionnelle.

QUALITÉS
Action
Dynamisme
Domination

SYMBOLES
Sphinx
Bouclier
Armure
Couronne d'étoiles

VII

LE CHARIOT

ℸ

FACE AU VENT

Un personnage vêtu d'une armure, décoré des lauriers de la victoire, mène l'attaque du haut de son char. Attelés au véhicule, deux sphinx, un blanc et un noir, incarnent la clémence et la justice. Un dais bleu, brodé d'étoiles blanches, indice de la présence divine, surmonte la tête de l'aurige. Celui-ci est souvent dépeint sceptre ou baguette à la main, et les épaules marquées d'un croissant de lune, symbole de l'esprit. Il arbore une couronne d'étoiles célestes tandis que sur sa tunique figurent un carré, symbole de force de volonté, et divers signes alchimiques, soulignant qu'il est enraciné dans les éléments terrestres et le monde matériel. Au-dessous de lui coule une large rivière, invitation à rester à flot plutôt qu'à lutter contre le courant. Dans certains jeux, un bouclier, fixé à l'avant du char, représente, tout comme les sphinx, l'union des forces contraires. Pour atteindre sa vraie destination, le conducteur doit diriger non pas brutalement (dans la majorité des jeux, l'aurige n'est pas représenté tenant les rênes) mais avec courage et volonté. Le Chariot incarne la détermination et le triomphe face à l'adversité. Cette carte exprime l'action, le mouvement vers l'avant. Élan et dynamisme sont requis pour atteindre le succès et remporter la victoire. Le Chariot requiert également un engagement et de la discipline. Les objectifs doivent être définis précisément afin qu'il garde son équilibre, les roues sur la piste orientées dans la bonne direction. La carte désigne par ailleurs le voyage au sens littéral et le voyage intérieur. La passivité n'est pas de mise. Le moment est venu de mobiliser force, persévérance et empressement pour repousser les obstacles. L'aurige renonce au chemin facile. Il ignore les détours, préférant une voie difficile mais plus gratifiante.

Domenico Balbi · *Tarot Balbi* · Italie · 1976 L'illustrateur et graphiste Domenico Balbi réinterprète les archétypes traditionnels des arcanes du tarot dans une esthétique typique des années 1970.

VII

DER STREITWAGEN · THE CHARIOT · LE CHARIOT

Roberta Lanphere & Herta Drnec · *Deva Tarot*
Autriche · 1986 Œuvre de collaboration, le jeu
aux couleurs franches repose en partie sur les

illustrations exécutées au début du xxe siècle par
Lady Frieda Harris pour le tarot de Thoth original.

Walter Wegmüller · *Zigeuner-Tarot* · Suisse · 1974
La série de peintures complexes destinées à ce jeu
de tarot tsigane s'inspire des traditions du tarot

transmises au sein de la famille de l'artiste au fil
des générations. Le jeu a connu plusieurs éditions,
dont une élégante version en noir et blanc.

VII ♦ THE CHARIOT

Sandra & Chic Cicero · *Golden Dawn Magical Tarot*
États-Unis · 1997 Fruit de la collaboration des
auteurs et spécialistes du tarot Chic Cicero et
Sandra Tabatha Cicero, cette œuvre vivante est
un hommage stylistique au tarot de Thoth original
de Lady Frieda Harris.

Rolf Eichelmann · *New Century Tarot* · Allemagne
2003 Les arcanes traditionnels ont inspiré à l'artiste
et architecte allemand Rolf Eichelmann des illustrations modernes, fantaisistes et aux couleurs intenses.

CHICAHUALIZTLI

LA FUERZA

QUALITÉS

Énergie
Confiance
Force

SYMBOLES

Lion
Robe blanche
Couronne de fleurs
Signe de l'infini

VIII

LA FORCE

כך

LA SUPRÉMATIE DE LA GRÂCE

Une femme ouvre la gueule d'un énorme lion. Vêtue de blanc, signe d'un esprit pur, elle domine la créature, maîtrisant sa nature sauvage par une grâce apaisante. À l'arrière-plan, une montagne bleue représente la stabilité et une puissance sereine. Le lion, longtemps symbole de courage, se soumet à une maîtresse sage et intrépide. Dans certains jeux, la femme caresse doucement le front et les mâchoires du félin, comme pour indiquer qu'avec de la tendresse et de l'amour tout fauve peut être dompté. Le lion peut aussi symboliser la passion, le désir brut, l'instinct animal. La ceinture et la couronne que porte parfois la femme soulignent le lien étroit qu'elle entretient avec la nature. Au-dessus de sa tête flotte le nombre huit, signe de l'infini, de la vie éternelle et d'un potentiel illimité. Cette carte signifie le courage face à l'adversité. Pas de contrainte ici, mais une force intérieure utilisée pour surmonter les difficultés et venir à bout de la violence. La compassion et la patience sont la clé qui permet d'accéder au pouvoir et de passer outre les obstacles. La carte de la Force célèbre le courage en temps de crise ou de danger. Elle invite à garder son calme même au milieu de la tempête. La Force demande de clarifier ses objectifs et ses désirs et de se concentrer sur les besoins essentiels. Elle invite à s'appuyer à la fois sur la vigueur du corps et le centrage en soi pour affronter les épreuves et les malheurs. Toute situation peut être contrôlée par la sérénité et la persévérance. À l'endurance répondront la tranquillité, la responsabilité et le sang-froid. Fiez-vous à votre instinct et à votre émotion brute, mais apprivoisez-les par une action constructive et une détermination constante.

Chicome Itzquitntli Amatlapantli · *Tarot Mexicáyotl* Mexique · 2020 Avec leurs personnages aux noms empruntés à la langue aztèque, le nahuatl, les cartes de ce jeu contemporain affichent leurs liens avec la culture, les pratiques spirituelles et les rituels des Aztèques.

XI

La Force

Hy Roth · *Linweave Tarot* · États-Unis · 1967
L'illustrateur Hy Roth est l'un des nombreux
artistes à avoir collaboré à ce jeu commandé
par la Linweave Paper Company comme outil
de promotion et de commercialisation.

Noel Arthur Heimpel · *The Numinous Tarot* · États-
Unis · 2019 Réalisé à l'encre et à l'aquarelle, le jeu
propose une réinterprétation radicale de la tradition.
Selon l'artiste, le «Numinous Tarot montre la beauté
de la diversité dans le monde, du type physique, des
aptitudes, de la race à l'identité du genre et au style».

Minka Sicklinger, Bryn McKay & Eve Bradford
Strength · États-Unis · 2018 Minka Sicklinger, Bryn McKay et Eve Bradford sont à l'origine de la série limitée de ce tarot, fruit de leurs recherches et de leurs contributions artistiques. Minka Sicklinger a exécuté les illustrations aux détails somptueux qui se fondent sur les archétypes et leurs significations. Les attributions poétiques de Bryn McKay et Eve Bradford les accompagnent.

Robert M. Place · *Alchemical Tarot* · États-Unis · 2008
L'artiste et spécialiste du tarot, Robert M. Place, a
conçu ce «tarot alchimique» qui accompagne son
livre *The Tarot, Magic, Alchemy, Hermeticism, and
Neoplatonism*. Il s'agit ici de la quatrième édition
du jeu ; la version originale remonte à 1995.

S'appuyant sur ses recherches, Robert M. Place a
développé un système où chacune des cartes des
arcanes majeurs correspond à un processus alchimique particulier. Pour l'auteur, le jeu «montre que
le tarot, comme la quête des alchimistes, a pour but
de nous conduire à l'or de la sagesse intérieure».

9

THE HERMIT.

IX

L'ERMITE

ט

UNE LUMIÈRE SOLITAIRE

Un vieil homme, à la barbe grisonnante, seul au sommet d'une montagne, tient une longue canne et une lanterne lumineuse. Il est habillé d'une robe de moine, capuchon baissé. Dans la lampe brille une étoile à six pointes, représentant le sceau de Salomon. En forme de pentagramme ou d'hexagramme, ce sceau que l'occultisme occidental attribue à Salomon est parfois considéré par la tradition juive comme l'étoile de David. Sur la carte de l'Ermite, les six pointes symbolisent une vision intérieure révélatrice. La canne qui désigne l'autorité et le pouvoir tranquille sert de guide et d'appui à l'Ermite durant son voyage. Sous ses pieds, les roches couvertes de neige signalent qu'il a atteint le haut de la montagne. Après être monté jusqu'aux sommets de l'illumination, l'Ermite attend seul, plongé dans une contemplation silencieuse, sa lanterne éclairant la voie de ceux qui sont au-dessous de lui. L'Ermite poursuit une quête, mais il est également un guide. Recherchant la solitude, il emprunte un chemin retiré. Il demande un isolement intentionnel pour méditer seul, n'ayant peur ni des ténèbres ni du sentier dangereux à travers les montagnes de la découverte intérieure. Sa lanterne éclaire l'obscurité de son subconscient, révélant ce qui jadis était caché. Il exige réflexion, espace pour grandir et déblaiement de l'esprit encombré. La moindre action doit être authentique et alignée sur la vérité propre à chacun. Sa lampe qui n'émet qu'un petit halo de lumière signifie que la recherche du moi intérieur impose à la fois d'avancer et de se tenir immobile. L'Ermite réclame ainsi réclusion et contemplation. Il encourage le pèlerinage, la retraite, un voyage vers des lieux saints. Il est guidé par sa propre étoile du Nord – sa voix intérieure. Il s'arrête. Il écoute. Il sait que sa destination ultime n'est autre que lui-même.

Marty Yeager & Ken Hickenbottom · *Tarot of Meditation* · États-Unis · 1975 Le jeu de l'artiste californien Marty Yeager et de l'auteur Ken Hickenbottom est représentatif de la fantasy de la fin des années 1960. Ses thèmes s'appuient sur le psychédélisme et la science-fiction.

The Hermit

Norbert Lösche & Jean Huets · *Cosmic Tarot*
Allemagne · 1986 Basé sur le système du tarot mis
au point par la Golden Dawn, société secrète de
la fin du XIXᵉ siècle, ce jeu reflète aussi l'esthétique
du mouvement New Age de la fin du XXᵉ siècle.

Les dessins au trait, détaillés et colorés, de l'artiste
allemand Norbert Lösche se fondent en partie sur le
symbolisme des premiers jeux de Thoth. Le charme
des personnages archétypaux fait, quant à lui, écho
aux films et aux défilés de mode des années 1980.

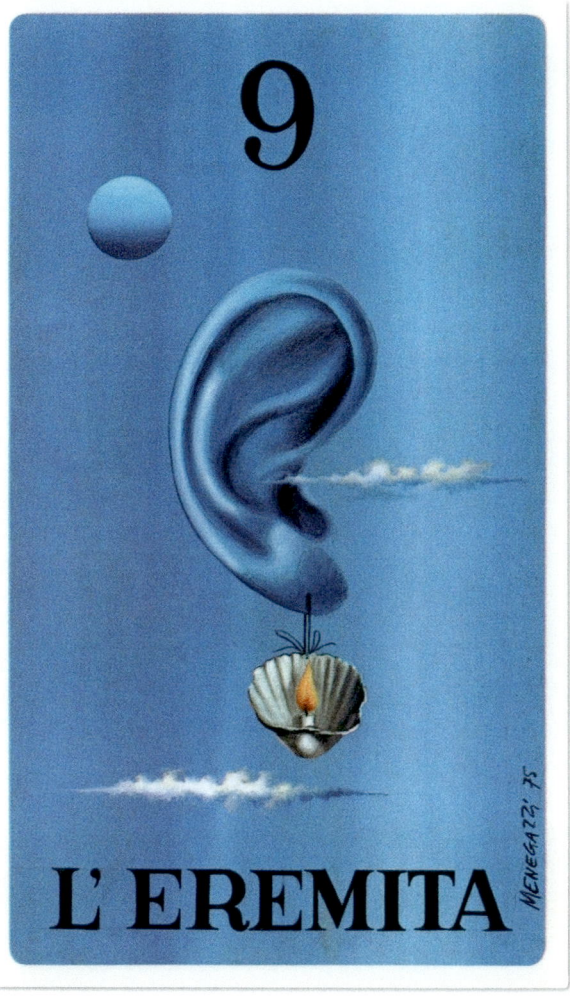

Osvaldo Menegazzi · *Le Conchiglie Divinatorie* · Italie 1974 Dans ce jeu, l'artiste et designer graphique italien Osvaldo Menegazzi explore le symbolisme mystique des cartes en s'inspirant notamment de la géométrie sacrée des coquillages et de la vie marine. Revisitant les arcanes classiques, ce jeu rare donne la part belle aux illustrations soignées et hautes en couleur de Menegazzi.

The Hermit

Nicholas Kahn & Richard Selesnick · *The Carnival at the End of the World Tarot* · États-Unis · 2018
Les artistes Nicholas Kahn et Richard Selesnick, collaborateurs de longue date, se sont inspirés des carnavals du monde entier pour cette série limitée. Ils ont peint à la gouache et à l'aquarelle la version finale de ces arcanes contemporains après avoir réalisé des croquis des personnages archétypaux.

VIIII

THE HERMIT

Fergus Hall · *Tarot of the Witches* · Écosse · 1976
Conçu par l'artiste écossais Fergus Hall, ce jeu
de tarot a servi de support publicitaire et d'outil
de promotion pour le film de James Bond, *Vivre
et laisser mourir* (1973).

X

la Roue de Fortune

X

LA ROUE DE FORTUNE

ט

LES CYCLES ÉLÉMENTAIRES

La Roue de Fortune regorge de symboles tous investis d'un sens précis. Au centre de la carte se trouve la roue elle-même, couverte d'une iconographie ésotérique. Aux quatre coins, l'aigle, le taureau, le lion et l'ange correspondent à un signe du zodiaque, respectivement le Scorpion, le Taureau, le Lion et le Verseau. Tous tiennent la Torah. Dans l'interprétation chrétienne du tarot, ces créatures dotées d'ailes incarnent les quatre évangélistes. Le Tétragramme, composé des quatre lettres hébraïques YHVH (Yod Heh Vau Heh), le nom divin qui ne doit pas être prononcé, est inscrit sur la roue. Les lettres T.O.R.A., parfois présentes, donnent le mot «Torah», c'est-à-dire «loi», mais aussi taro(t) ou *rota*, signifiant «roue» en latin. Les symboles alchimiques du mercure, du soufre, de l'eau et du sel, éléments constitutifs de la vie, ainsi que les quatre éléments représentant la puissance créatrice occupent le centre de la roue. Sur la gauche descend un serpent, image de la force de vie qui plonge dans le monde matériel. À droite se dresse Anubis, dieu égyptien des morts, qui accueille les âmes dans l'au-delà. Au sommet trône le Sphinx, personnification de la connaissance et de la force. Les cycles élémentaires gouvernent la révolution de la Roue, tout comme ils dictent le changement des saisons et l'évolution des phases de la vie. La Roue de Fortune s'arrête au hasard. Que l'on siège au sommet de ses rayons ou que l'on soit écrasé sous sa base, elle vient rappeler que les transformations sont continuelles. La certitude que la Roue tournera toujours est à la fois un réconfort et un avertissement. Le changement est permanent. La Roue de Fortune veut que nous soyons ouverts aux synchronicités, que nous restions stables, même en sachant que beaucoup de choses sont hors de notre contrôle. S'adapter. Être flexible. Pour trouver le centre à nouveau.

Oswald Wirth · *Oswald Wirth Tarot* · France/Suisse 1977 Fondé sur des recherches historiques, le jeu reproduit les illustrations originales de l'occultiste suisse Oswald Wirth, datées de 1889. Wirth avait édité les arcanes majeurs originaux dans une édition rare et limitée.

Michael Dowers & Christine Payne-Towler
Tarot of the Holy Light · États-Unis · 2011 Nourri
par les recherches de l'autrice et spécialiste du tarot
Christine Payne-Towler et illustré par Michael Dowers,
ce tarot aux images élaborées reprend des éléments
de la symbolique classique.

Julia Turk · *Navigators Tarot of the Mystic Sea* · États-
Unis · 1997 La Britannique Julia Turk, basée aux États-
Unis, a étudié pendant des décennies le tarot et d'autres
formes de mysticisme avant de créer ce jeu. Avec ses
personnages androgynes et la mer pour cadre, elle
renouvelle l'imagerie des arcanes de façon surréaliste.

Sebastian Haines · *Tarot of the Golden Serpent*
États-Unis · 2013 Sebastian Haines, artiste auto-
didacte, a consacré quatre années à élaborer la
symbolique complexe et l'imagerie de la géométrie
sacrée servant de fondement à son tarot. Ses puissantes peintures à l'huile sur toile forment la base
de ce jeu surréaliste.

Margarete Petersen · *Margarete Petersen Tarot*
Allemagne · 2001 La création du tarot très personnel
et expressif de la peintre contemporaine Margarete
Petersen s'est étalé sur vingt-deux ans.

QUALITÉS
Équilibre
Moralité
Éthique

SYMBOLES
Balance
Robe
Temple
Épée

XI

LA JUSTICE

ℸ

ACTION & CONSÉQUENCE

Dame Justice représente la loi suprême. Siégeant entre deux colonnes du temple sacré, elle brandit de la main droite un double glaive, symbolisant l'impartialité et la conséquence de toute action, mais aussi à double tranchant. De la main gauche, celle de l'intuition, elle tient délicatement le fléau de la balance, rappelant ainsi qu'il faut soupeser la logique et l'émotion. Cette carte symbolise la vérité, l'équité et la loi. La Justice est en robe rouge, surmontée d'une cape verte tenue par une broche carrée. Une pierre, également carrée, est incrustée au centre de sa couronne, les deux carrés indiquant une pensée construite et structurée. Une chaussure blanche pointe sous sa robe, symbole de l'esprit qui sous-tend toutes les actions. Le rideau pourpre profond tendu en arrière-plan évoque la compassion et la sagesse de la Justice. La Justice réclame l'équilibre. Elle sait que toute action provoque une réaction avec des conséquences. Elle soupèse et équilibre les plateaux. Elle cherche la vérité. Elle veut de l'égalité et de l'équité dans tous les actes. Elle se bat pour ce qui est juste et exige que tout le monde rende compte de ses torts. Elle agit avec intégrité. Ses décisions se fondent sur la logique et la compassion. Ses jugements sont dictés par la bienveillance et la compréhension. Elle favorise les choix conscients et les prises de décision conformes à la morale. Elle voit clair. Elle connaît le bien et le mal. Elle préconise l'honnêteté, surtout vis-à-vis de soi. Elle demande des comptes pour chaque acte. Elle sait que tous les choix, toutes les décisions affectent le grand tout.

Elisabetta Trevisan · *The Crystal Tarot* · Italie · 1994
Pour cette série d'illustrations de tarot, la peintre italienne Elisabetta Trevisan a associé la technique du pastel et la peinture *a tempera* pour obtenir un effet rappelant le vitrail.

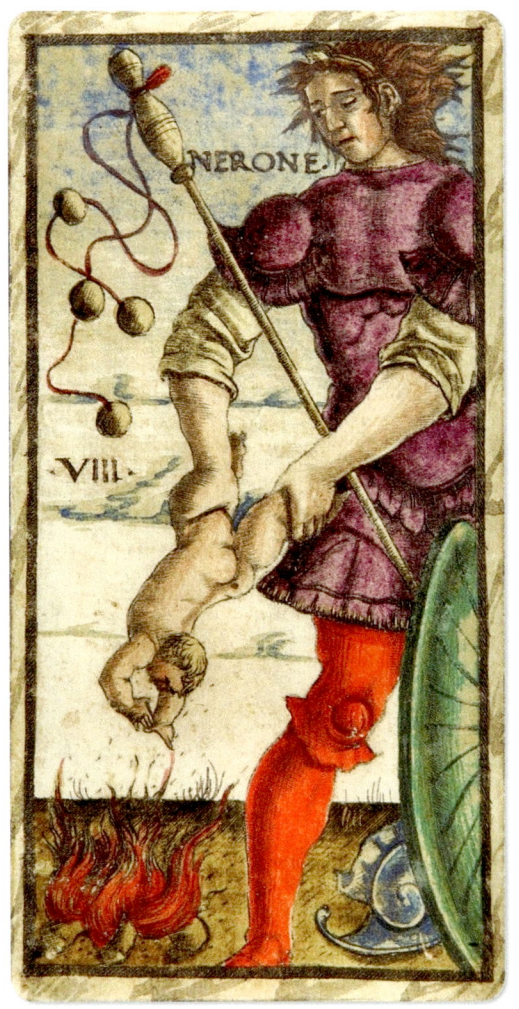

Silvana Alasia & Riccardo Minetti · *The Etruscan Tarot* · Italie · 2002 Revisitant les arcanes par la symbolique de la culture étrusque antique, Silvana Alasia et l'historien Riccardo Minetti portent un regard visionnaire sur le tarot classique.

Anonyme · *Sola Busca Tarot* · Italie · Début des années 1490 Les arcanes du Sola Busca, l'un des plus anciens jeux de tarot existants, sont l'œuvre d'un artiste italien inconnu, qui a utilisé la technique de la gravure sur métal.

Roberta Lanphere, Herta Drnec & Paul Catty
Deva Tarot · Autriche · 1986 Ce jeu de tarot, au
graphisme épuré et aux couleurs vives, comprend
des légendes écrites à la main et d'autres détails
raffinés. Il a été publié pour la première fois en

Autriche par le fabricant de jeux de société Piatnik,
grand spécialiste des cartes à jouer. Rompant avec
la tradition, les créateurs du Deva ont ajouté aux
quatre couleurs des arcanes mineurs une cinquième,
appelée «Triax» (Adaptateur).

Cathy McClelland · *The Star Tarot* · États-Unis
2017 Projet en cours de l'artiste américaine Cathy
McClelland, cette interprétation très inventive du
tarot intègre des éléments empruntés à l'astronomie
et à l'astrologie. Travaillant à l'acrylique, McClelland
traite les archétypes classiques sous l'angle de la
mythologie et du fantastique, avec des éléments
graphiques tirés des contes et de la science-fiction.

QUALITÉS
Suspension
Sacrifice
Méditation

SYMBOLES
Arbre
Halo
Triangle
Croix

XII

LE PENDU

ל

DANS L'INTERVALLE

Un homme est suspendu à l'envers, le pied droit attaché à une branche qui forme la barre transversale du gibet fait d'un arbre vivant. Dans de nombreux tarots, le Pendu est souvent figuré les mains cachées dans le dos ou refermées sur deux sacs de pièces. Son genou gauche est plié et libre, son corps décrivant à la fois un triangle et une croix. Une auréole lumineuse ou un halo entoure sa tête. Dans certains jeux, sa chemise bleue est ornée de croissants, signe de calme. Le pantalon rouge symbolise les passions charnelles. Les cheveux et les chaussures jaunes ainsi que le halo renvoient à l'intellect. Curieusement, le Pendu affiche le plus souvent une expression sereine et méditative. Il ne souffre ni ne ressent de douleur. Son attitude paisible indique qu'il subit l'épreuve de son plein gré. Le Pendu a choisi délibérément la position dans laquelle il se trouve, il n'y a pas été contraint. Il s'est volontairement suspendu pour découvrir une nouvelle perspective et une nouvelle façon de voir le monde et de se voir lui-même. Le Pendu représente aussi le renoncement ou le sacrifice de soi au profit du bien commun. Il nous incite à nous réaligner, à nous recentrer. Il prône la quiétude et un changement de vision pour accéder à une nouvelle compréhension. Il signifie à la fois le changement, la transition et une profonde incertitude. Il invite à prendre le temps de méditer et de réfléchir avant d'agir. Il est l'attente, la pause, le bref répit avant et après un tremblement de terre. Il est l'instant entre le vide transitoire et une décision, l'intervalle entre le choix et sa mise en œuvre.

Cathy McClelland · *The Star Tarot* · États-Unis 2017 Inspirée par la science-fiction, la fantasy et l'art spirituel des cultures du monde, Cathy McClelland a travaillé durant plusieurs années à cette série de peintures à l'acrylique, complexes, aux couleurs vives, qui constituent les arcanes.

the hanged man
XII

Devany Amber Wolfe · *Serpentfire Tarot* · Canada 2017 Premier jeu à succès de l'artiste canadienne, le tarot Serpentfire combine art du collage dynamique et imagerie psychédélique méditative. Le Tarot of the Thousand and One Nights, premier jeu que Wolfe a possédé, lui a donné l'idée d'explorer les arcanes. Comme elle l'explique : « J'ai commencé à jouer dans mon art de mon amour du symbolisme de façon à aller plus loin en faisant le tarot. Créer 78 cartes différentes était une idée stimulante. »

Álvaro Barrios · *Barrios Tarot* · Colombie · 1979
Rare jeu d'Amérique du Sud, la série de cartes
peintes à la main est une création de l'artiste
colombien, autoéditée en 1979.

Rudolph Pointner · *Pointner Tarot* · Autriche · 1974
Les arcanes de l'artiste autrichien Rudolph Pointner se caractérisent par leurs couleurs vives, la densité des motifs et une imagerie abstraite. Le jeu a aussi adopté le nom de «Piatnik Wien» par référence à la première édition publiée par l'imprimeur et fabricant de cartes autrichien. Avec son style expérimental, le Pointner a renouvelé l'art du tarot.

THE HANGED WOMAN

Daiana Ruiz & Jerico Mandybur · *Neo Tarot* Argentine/États-Unis · 2019 Œuvre conjointe de l'artiste Daiana Ruiz et de Jerico Mandybur, experte du tarot et autrice spécialiste de l'occultisme, le Neo se fonde sur la tradition du tarot. Il en réinterprète l'imagerie et les attributions pour un nouveau public. Cette présentation originale de la symbolique classique vise à être, selon Jerico Mandybur, «un outil thérapeutique pour faire attention à soi, y voir plus clair et prendre conscience de soi».

QUALITÉS
Changement
Cycles
Libération

SYMBOLES
Cheval
Drapeau
Rivière
Tours

XIII

LA MORT

מם

CATHARSIS & TRANSFORMATION

Chevauchant un cheval d'un blanc immaculé, la Mort brandit un drapeau noir, orné le plus souvent d'un motif blanc symbolisant le contraste entre le jour et la nuit et le cycle infini, le yin et le yang. Parfois représentée debout, sa faux à la main, la Mort apparaît dans la plupart des jeux comme un redoutable squelette vivant. L'armure qu'elle revêt souvent souligne son invincibilité, et le blanc de sa monture renvoie à la pureté et à l'innocence. Sur le sol, gisent les corps sans vie d'un roi, d'un pape et d'un pauvre, rappelant que la mort est le lot de tous, sans distinction de rang, d'âge ou de fortune. La rose blanche à cinq pétales, présente parfois sur le drapeau, figure l'immortalité et la lumière de la transformation. À l'arrière-plan coule une rivière, suggérant la voie vers le monde souterrain ou l'au-delà. Dans le lointain, entre deux hautes tours, le soleil qui se couche (à moins qu'il ne se lève?) marque le passage du jour à la nuit, de la vie à la mort, de la putréfaction à la renaissance. La fin annonce un nouveau commencement. La carte de la Mort apporte la transformation, la disparition intégrale et la renaissance. Le passé est derrière, le futur devant. La Mort exige une purification complète et l'abandon de l'ancien pour le nouveau. Elle rompt avec les habitudes et dessine de nouvelles voies dans l'esprit. Il faut lâcher prise pour avancer, fermer une porte pour en ouvrir une autre. La Mort est une purge qui nettoie de l'intérieur. Elle implique une profonde métamorphose et une transmutation. Elle est la perte de la peau, la purification par la destruction. Transition, changement et renouveau, voilà ce qu'elle demande. Elle détruit pour reconstruire.

Cathy McClelland · *The Star Tarot* · États-Unis 2017 Inspirée par les couleurs vives, la fantasy, les mythes et les contes, Cathy McClelland a travaillé plusieurs années durant à ces arcanes peints à l'acrylique.

13. DEATH

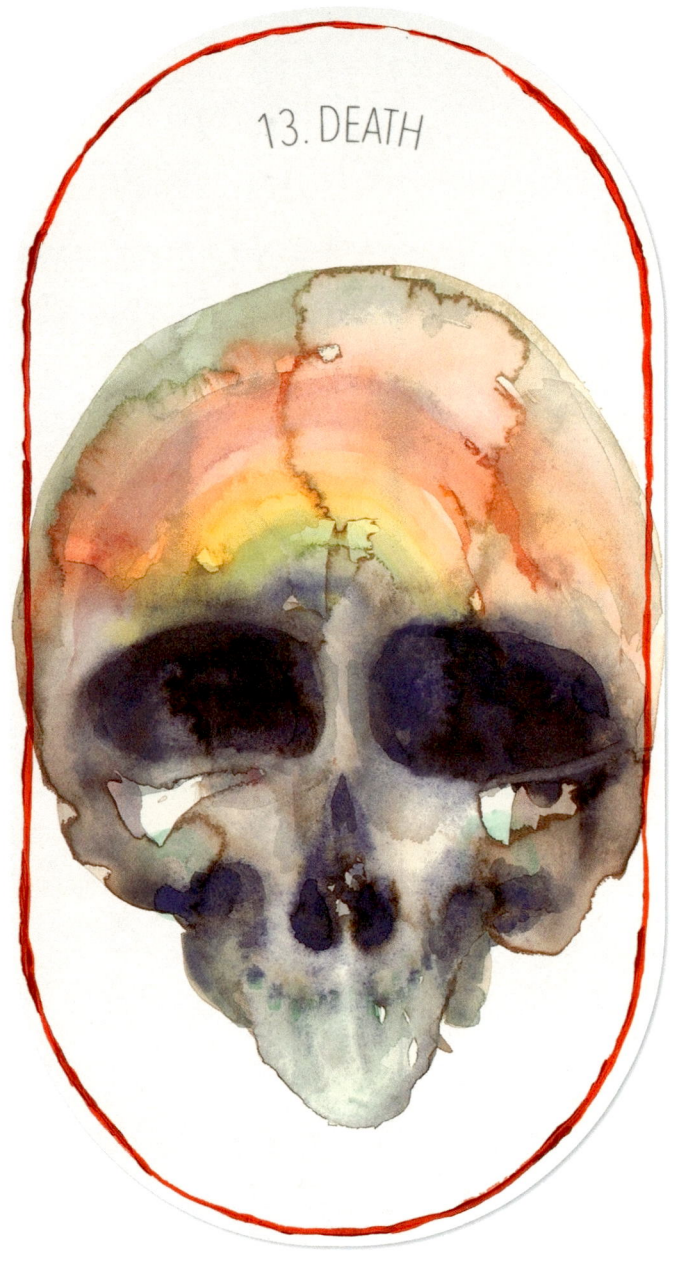

XIII

DEATH

Laura Zuspan · *The Luminous Void Tarot* · États-Unis 2018 L'artiste américaine dit avoir créé les cartes de ce jeu «en considérant le tarot comme un cycle d'archétypes et de symboles universels qui cartographient la psychologie humaine et la conscience».

Margarete Petersen · *Margarete Petersen Tarot* Allemagne · 2001 Peint à la main par l'artiste allemande, ce jeu de tarot, abstrait et complexe, s'accompagne d'un livret dont elle a rédigé elle-même les attributions de manière poétique.

Rachel Howe · *Small Spells* · États-Unis · 2016
Désireuse de faire du tarot une méthode d'autoexploration, Rachel Howe, illustratrice et spécialiste
du tarot, a conçu les Small Spells comme une
introduction accessible aux arcanes.

Barbara Marzena Mirewicz Czumaczenko · *Tarot
Droga* · Pologne · 2011 L'artiste polonaise a eu
recours à une technique particulière de cuisson
de l'argile pour l'édition limitée de son tarot. Elle
a gravé des tablettes d'argile émaillée qu'elle a
par la suite peintes et photographiées.

XIII ŚMIERĆ

DEATH

XIV

TEMPÉRANCE

ו

AU CŒUR DE LA TEMPÊTE

La carte de la Tempérance figure un ange aux grandes ailes, souvent asexué, comme s'il oscillait entre le masculin et le féminin et évoluait entre les deux mondes. Un de ses pieds, plongé dans l'eau, symbolise le subconscient ; l'autre, sur la terre ferme, est une représentation du monde matériel. Dans la plupart des jeux, l'ange est revêtu d'une robe bleue ou blanche, ornée d'un triangle pris dans un carré. Ce motif indique un esprit équilibré et lié par la terre et la loi de la nature. Dans chacune de ses mains, l'ange tient un calice, et l'eau qui s'écoule de l'un à l'autre représente le lien entre la supraconscience et le subconscient. La Tempérance, qui se déplace avec la même fluidité que l'eau, signifie l'équilibre, l'harmonie et l'union des contraires. Au loin, un chemin serpente à travers les montagnes, évoquant le voyage spirituel. Sur certaines cartes, une couronne d'or brille dans le ciel, allusion à la voie supérieure menant à l'éveil. C'est une carte de pondération et de modération, d'harmonie grâce à l'équilibre. La Tempérance demande de la patience et insiste sur la nécessité d'avoir une assise personnelle stable et le sens de la collaboration et de la communauté. L'eau des calices coule dans deux directions, du monde extérieur vers la conscience intérieure et *vice versa*. La Tempérance nous apprend à planter un pied dans le monde matériel et l'autre dans le monde spirituel. Elle est le calme dans la tempête, offrant la paix en équilibrant les plateaux de la balance. Elle nous invite à emprunter la voie médiane, là où le sol est ferme. La Tempérance nous rappelle que les questions rationnelles et matérielles, la créativité et le rêve, les désirs du corps et l'épanouissement de l'esprit sont de même importance et requièrent une égale attention.

Bea Nettles · *Mountain Dream Tarot* · États-Unis 1975 Bea Nettles a entrepris son tarot emblématique en 1970. Son idée, venue d'un rêve qu'elle a fait, a consisté à remplacer les archétypes classiques des arcanes par des portraits de membres de sa famille et d'amis en costume.

Marty Yeager & Ken Hickenbottom · *Tarot of Meditation* · États-Unis · 1975 Marty Yeager et Ken Hickenbottom ont donné des interprétations modernes des arcanes en les revisitant à travers le prisme du rêve et du fantastique.

Gareth Knight · *Gareth Knight Tarot* · Angleterre 1984 Ce jeu marqué par l'influence des enseignements de l'Ordre hermétique de l'Aube dorée est épuisé. Gareth Knight, artiste et spécialiste du tarot, a traité de manière saisissante l'iconographie empruntée à Lady Frieda Harris.

XIV TEMPERANCE

XIV

David Palladini · *Aquarian Tarot* · États-Unis · 1970
Associant les techniques de l'illustration de l'Art
déco et de l'Art nouveau et une sensibilité pop art,
ce tarot est l'un des plus populaires et des plus
connus de la fin du xxᵉ siècle. Édité en 1970 par
Morgan Press, il est désormais distribué par U.S.
Games Systems. David Palladini, artiste graphiste
prolifique, a souvent intégré des thèmes ésotériques
dans ses œuvres.

Matt Hughes · *Ethereal Visions Tarot* · États-Unis 2018 Inspiré par l'Art nouveau, Matt Hughes a réalisé son jeu entièrement à la main. Influencée par l'esthétique de ce mouvement de la fin du XIXᵉ siècle, cette série de dessins complexes porte aussi l'empreinte des peintres préraphaélites et symbolistes ainsi que celle de Pamela Colman Smith, artiste du début du XXᵉ siècle. Ce jeu au rendu raffiné s'accompagne d'un livret de 48 pages sur les attributions écrit par Hope, la femme de Matt Hughes.

XV

The Devil

QUALITÉS
Passion
Créativité
Luxure

SYMBOLES
Pentagramme
Flammes
Chaînes
Baphomet

XV

LE DIABLE

ס

TRANSGRESSION DES LIMITES

Dans sa forme la plus proche de l'archétype, le Diable est représenté dans le tarot comme un Baphomet cornu, un satyre concupiscent, moitié homme, moitié chèvre, aux ailes de chauve-souris et à la queue fourchue. Son front porte le symbole du pentagramme inversé. Certains jeux le figurent comme un hermaphrodite, avec des seins généreux, ou avec des pieds en forme de serres de rapace. Un homme et une femme nus, enchaînés à son piédestal de pierre, traduisent à la fois sa domination et leur asservissement. Parfois, les deux personnages sont figurés avec des cornes et une queue, comme transformés en demi-démons par leur maître. À y regarder de plus près, les chaînes entourant leur cou apparaissent lâches. S'ils ont cédé à leurs plus bas instincts, c'est de leur propre volonté. Le Diable exige de l'honnêteté dans l'évaluation de soi. Il impose d'affronter et d'accepter ses désirs bruts. Il oblige à reconnaître ses dépendances, ses impulsions et ses manipulations. Il met en évidence les embûches, le manque d'accomplissement et la confiance dans le matériel plutôt que le spirituel. Pour passer devant lui, il faut aller en profondeur, assumer ses fautes et trouver le pardon. Il apprécie l'indulgence, la gloutonnerie et la tentation. Mais il est possible également d'embrasser le Diable. Il offre un terrain fertile à la créativité, infusant la passion, alimentant le bûcher ardent des idées et de l'imagination. C'est dans les ténèbres que naît la poésie des ombres. Nous nous mettons des chaînes au cou. Pour nous défaire des entraves du Diable, nous devons tomber les masques et affronter nos démons.

Luigi Scapini · *The Medieval Scapini Tarot* · Italie 2005 Artiste et spécialiste du tarot italien, Luigi

Scapini a étudié les jeux du XVe siècle pour reproduire minutieusement un tarot médiéval.

Vandenborre · *Tarot Flamand de 1780* · Belgique
1780 Il s'agit de la réplique historique d'un jeu
ancien basée sur des gravures originales de la fin
du XVIIIe siècle, réalisées par un artiste flamand,
connu sous le nom de Vandenborre.

XV

The Devil

Peter Dunham & Linnea Gits de l'atelier Uusi
Pagan Otherworlds · États-Unis · 2016 Peter Dunham et Linnea Gits ont ajouté à ces «Autres mondes païens» un 23ᵉ arcane majeur appelé le «Seeker» («le Chercheur») et 5 «Luna Cards», portant à 84 le nombre de cartes. Les sources d'inspiration, variées, vont de la nature à l'ancienne mythologie celtique. Le jeu fait partie de la série de tarots réalisé par les deux artistes de l'atelier Uusi.

Marty Yeager & Ken Hickenbottom · *Tarot of Meditation* · États-Unis · 1975 Ce jeu unique de Marty Yeager et Ken Hickenbottom offre des interprétations ludiques, confinant parfois au surréalisme, des arcanes majeurs et mineurs. Explorant les thèmes de la psychologie, du rêve et du subconscient, les cartes adoptent le style fantasy alors en vogue dans les années 1970.

XV

Devil's Play

James Wanless & Ken Knutson · *Voyager Tarot*
États-Unis · 1985 Reposant sur la technique du
collage qui associe aussi bien la photographie
que le dessin et la peinture, ce jeu, visuellement
complexe, a été conçu par ses créateurs comme
un support de méditation et pour un usage thérapeutique. Chaque carte du tarot explore d'anciens
rituels, symboles et mythes du monde entier.

The Tower

QUALITÉS

Changement intérieur

Crise d'identité

Destruction

SYMBOLES

Construction en pierre

Flammes, feu

Corps qui tombent

Pièces d'or

XVI

LA TOUR

ע

DESTRUCTION & LIBÉRATION

Un puissant éclair a incendié la Tour. Les flammes sortent des fenêtres de pierre. Les gens, terrifiés, se jettent dans le vide, cherchant à fuir la destruction et l'écroulement imminent. D'autres éléments déboulent de l'édifice : des briques, des pierres, des pièces d'or, des gouttes d'eau et des flammèches. Dans certains jeux, la Tour possède une porte ; dans d'autres, sa façade lisse est dépourvue d'entrée et de sortie. Derrière le monument qui s'effondre se dresse une montagne rocheuse, incarnant la nature indifférente au terrible drame qui se joue sous ses yeux. La carte de la Tour représente le besoin de se défaire des anciennes structures pour laisser place aux nouvelles. La destruction des murs de pierre de la Tour marque un changement brutal. La carte symbolise des bouleversements radicaux, une transformation révolutionnaire qui ébranle les fondations fragiles et bouscule les traditions. Poursuivre sur l'ancien chemin n'est plus viable. Des fissures apparaissent, le ciel s'ouvre, des briques se désintègrent. Parfois, la catharsis arrive, de façon subite et inattendue. Il n'y a pas d'issue. Le chaos, le désordre, une faille due à un éclair de lucidité. Peu importe la méthode, l'illusion doit être et sera brisée. Des mondes s'abattent et se redressent. La méfiance se dissipe, la perspective change violemment, et lorsque la poussière retombe, les premiers bourgeons pointent des ruines.

Norbert Lösche & Jean Huets · *Cosmic Tarot*
Allemagne · 1986 Avec son dessin au trait et son
imagerie aux couleurs éclatantes, ce jeu de Lösche
et Huets modernise la tradition du tarot.

✳ XVI THE TOWER ✳

Noel Arthur Heimpel · *The Numinous Tarot* · États-Unis · 2019 Avec ce jeu exécuté à l'aquarelle et à l'encre, Noel Arthur Heimpel revisite complètement la tradition du tarot. Il s'est écarté de manière provocante du symbolisme classique des arcanes pour créer un jeu qui accorde une grande place aux concepts de genre, de race et d'identité. L'artiste a rédigé un guide détaillé qui prend le tarot comme une pratique thérapeutique.

THE TOWER XVI

© 2014 The Fountain Tarot

Jonathan Saiz, Jason Gruhl & Andi Todaro · *The Fountain Tarot* · États-Unis · 2017 Œuvre de l'artiste Jonathan Saiz, de l'écrivain Jason Gruhl et de la designer graphique Andi Todaro, le Fountain Tarot réinterprète les arcanes dans une perspective innovante et moderne. Accompagné d'un petit guide, simple d'utilisation et facile à comprendre, le jeu vise à démystifier et à décoder les arcanes, en créant un système favorable à l'inspiration méditative et créative.

XVI - La torre

situazione di rottura irreversibile

Walter Wegmüller · *Neuzeit-Tarot* · Suisse · 1983
Le Suisse Walter Wegmüller, peintre et membre d'un
groupe de musique krautrock, a créé les arcanes
hallucinatoires de Neuzeit entre la fin des années
1970 et le début des années 1980.

Giancarlo Carloni · *Annabella Magie Noire Tarot*
Italie · 1979 Pour le lancement du parfum Magie
noire de Lancôme, l'artiste italien Giancarlo Carloni
a réalisé un jeu réduit aux arcanes majeurs pour
le magazine *Annabella*.

XVII

THE STAR.

QUALITÉS
Éveil
Guidance
Espoir

SYMBOLES
Eau
Oiseau ou papillon
Arbre de vie
Vases

XVII
L'ÉTOILE

פ

PURETÉ DANS LA LUMIÈRE

Une femme s'agenouille au bord d'un étang qui miroite. Au-dessus d'elle, une grande étoile centrale se détache dans le ciel nocturne, entourée par sept petites étoiles qui, dans certains jeux, symbolisent les sept chakras. Sur une branche, un oiseau, à moins que ce ne soit un papillon, incarne la nature et l'Arbre de vie. La femme est nue, innocente et vulnérable. Elle tient deux cruches d'eau. De la main droite, elle verse le contenu d'un des récipients dans l'eau bleue ; de la main gauche, elle répand l'eau du second vase sur la terre riche et fertile. Son pied droit touche la surface de l'étang, signe de la puissance féminine et de la force spirituelle, tandis que l'autre pied, sur le sol, souligne son sens pratique et son lien avec la terre. L'Étoile illumine, apportant espoir et inspiration. Elle rappelle qu'en elle se trouve tout ce dont chacun a besoin. Elle délivre un message de foi, qui exalte la vision intérieure, le pouvoir spirituel et la beauté sans fin de la nature. Sa lumière vive perce l'obscurité, ses rayons irradient vers l'extérieur, chassant ce qui est superflu et faux. L'Étoile révèle la pureté au cœur de toute chose. Elle se tient près de la source, nourrissant la croissance et favorisant la clarté. Ses offrandes sont généreuses. Tendrement, délicatement, elle ouvre le cœur, infusant énergie, fertilité et créativité. Après les épreuves endurées pour atteindre son domaine, ses dons n'en sont que plus doux.

Pamela Colman Smith & A. E. Waite · *Rider-Waite-Smith Tarot* · États-Unis · 1910 Les arcanes du

Rider-Waite-Smith, jeu classique du XXᵉ siècle, comptent parmi les plus influents jamais créés.

17

THE STAR.

Marty Yeager & Ken Hickenbottom · *Tarot of Meditation* · États-Unis · 1975 Produit du pop art du sud de la Californie de la fin des années 1970, ce rare «Tarot de la méditation» colore l'imagerie des arcanes traditionnels d'une sensibilité psychédélique.

Devany Amber Wolfe · *She Wolfe Tarot* · Canada 2017 Sa pratique spirituelle et méditative a inspiré à l'artiste Devany Amber Wolfe plusieurs jeux remarquables qui explorent les thèmes du féminisme, du pouvoir et de l'inclusion.

THE STAR

Alex Ukolov & Karen Mahony/Baba Studio
Victorian Romantic Tarot · Irlande · 2006 Foisonnant
et sensuel, le jeu prend pour point de départ les
gravures de Leopold Schmutzler. Son style «baroque
moderne» est la marque de fabrique de Baba Studio,
l'atelier de textile et d'art irlandais du couple.

Osvaldo Menegazzi · *Le Conchiglie Divinatorie* · Italie 1974 Ce jeu d'Osvaldo Menegazzi est une réinterprétation moderne des arcanes classiques du tarot.

L'artiste italien explore le symbolisme mystique des cartes en s'inspirant notamment de la géométrie sacrée des coquillages et de la vie marine.

QUALITÉS
Intuition
Gestation
Illusion

SYMBOLES
Chien
Loup
Colonnes
Écrevisse

XVIII

LA LUNE

צ

À TRAVERS LES PORTES

Dans le ciel nocturne, la lune pleine et grosse illumine un chemin tortueux qui se perd dans le lointain. Un chien et un loup montent la garde. Dans certains jeux, ils hurlent à la lune. Ils représentent le domestiqué et l'indompté, la dualité de la nature humaine, le loyal et le sauvage côte à côte. Quelques jeux anciens complètent la scène avec deux astronomes observant le ciel. D'autres intègrent une femme à bord d'un char tiré par des chevaux, un croissant de lune dans la main droite. Représentation la plus répandue, un petit crustacé, au premier plan, sort d'un bassin. Crabe ou écrevisse, il rappelle notre lente marche vers l'éveil, le passage de l'eau boueuse à la terre ferme, puis à l'air et à l'esprit. Au loin, deux tours jumelles dominent le sentier formant la ligne entre incons-cience et état de veille, bien et mal, et toutes les possibilités qui figurent entre. La lumière douce de la Lune révèle les vérités cachées, les vérités à découvrir absolument. Elle n'offre la clarté qu'à celui qui est prêt à aller au fond des choses. À la raison, elle préfère l'intuition qui nous guidera à travers les ombres intérieures. Elle nous demande de nous libérer de ce qui est négatif, dans l'attente d'une transformation stable et constructive. Elle nous invite à distinguer entre illusion et réalité. La Lune elle-même symbolise les rêves, l'intuition et le subconscient humide du féminin cosmique. Elle nous appelle à nous connecter au divin, aux mondes au-delà du voile, à apprendre de la nature, des leçons du cycle de la croissance et de la décroissance.

Cathy McClelland · *The Star Tarot* · États-Unis 2017 Artiste prolifique, Cathy McClelland a travaillé pendant plusieurs années aux arcanes, oniriques et complexes, de son remarquable tarot.

XVIII

la Lune

XVIII

XVIII

Maria Grazia Chiuri · *La Lune Tarot pour Dior*
France · 2017 Maria Grazia Chiuri, actuelle directrice artistique de la maison de haute couture, a
imaginé les arcanes de tarot dessinés à l'encre.
Elle les a intégrés à plusieurs collections de Dior.

Maria Distefano · *Circle of Life Tarot* · Italie · 2007
Unique jeu aux cartes rondes, le tarot de l'artiste
Maria Distefano met en scène des archétypes évoquant des créatures de contes. Sa mythologie se
fonde sur les éléments : la terre, l'air, le feu et l'eau.

illusioni, disagio, calunnia

XVIII - La luna

inquietudine, presagi

XVIII

Giancarlo Carloni · *Annabella Magie Noire Tarot*
Italie · 1979 Outil de promotion pour le parfum
Magie noire, la série limitée d'arcanes majeurs,
aux riches couleurs, est une commande de la
marque de cosmétiques Lancôme.

David Palladini · *Aquarian Tarot* · États-Unis · 1970
Publié en 1970, ce tarot de David Palladini compte
parmi les jeux les plus populaires et les plus marquants de la fin du xxᵉ siècle.

QUALITÉS
Vitalité
Nouvelle vie
Énergie

SYMBOLES
Enfant nu
Bannière de la victoire
Cheval blanc
Tournesol

XIV

LE SOLEIL

ק

L'APPEL DU CLAIRON

Un enfant nu, innocent, chevauche un cheval blanc, bannière de la victoire à la main. Un énorme soleil, au visage paternel et serein, brille au-dessus de lui. L'image figure la source de toute vie sur terre. La carte représente également l'innocence de l'enfance et la pureté, soulignée par le cheval blanc, symbole de force et de noblesse. À l'arrière-plan, quatre tournesols s'élèvent au-dessus d'un mur de brique. Ils incarnent les quatre royaumes de la nature – animal, végétal, minéral et humain – tout comme les quatre couleurs des arcanes mineurs et les quatre éléments. Le Soleil règne sur nous tous. Un jour nouveau et radieux s'est levé. Le Soleil donne de la force. Il apporte abondance et vitalité. Il signifie santé et revigoration, clarté et confiance, le tout sans ego. C'est la carte de l'achèvement et de l'accomplissement. Le Soleil réchauffe tout ce qu'il touche. Mais il demande aussi que le succès soit partagé et les récompenses équitablement distribuées. Il claironne la victoire sur les ténèbres et notre sortie à la lumière. Il est la source du pouvoir et de l'énergie, le combustible qui alimente la volonté divine.

Ffiona Morgan · *Daughters of the Moon Tarot* · États-Unis · 2000 Publié la première fois en 1984, Daughters of the Moon est considéré comme l'un des jeux les plus importants de la fin du XXe siècle. Les cartes abordent la tradition des arcanes sous un angle féministe et explorent les archétypes féminins.

SOLEIL XIX

XIX THE SUN

Here Comes the Sun

Françoise Corboz · *Le Tarot de Belmont* · Suisse 1995 Les illustrations du tarot de Belmont mêlent le symbolisme traditionnel et le style graphique unique de l'artiste Françoise Corboz.

Julia Noonan & Julia Remine Piggin · *Pop Rock Tarot* États-Unis · 1972 En 1972, Scholastic a publié ce jeu de tarot, réalisé par l'artiste Julia Noonan et l'autrice Julia Remine Piggin, qui fait référence à des musiciens et des chansons populaires.

XIX

David Palladini · *Aquarian Tarot* · États-Unis · 1970
Jeu fondateur, l'Aquarian est l'une des nombreuses
explorations artistiques que David Palladini a
menées sur les arcanes au cours de sa carrière.

Manzel Bowman · *Manzel's Tarot* · États-Unis
2017 L'artiste américain Manzel Bowman combine
le collage et l'imagerie classique des archétypes
pour élaborer une symbolique originale et redéfinir
l'iconographie du tarot traditionnel.

QUALITÉS
Éveil
Renouveau
Pardon

SYMBOLES
Ange
Montagnes
Trompette

XX

LE JUGEMENT

ר

VÉRITÉ & CONSÉQUENCE

La carte illustre le Jugement dernier dépeint par différentes mythologies. Des jeux, inspirés du mythe chrétien, montrent des morts sortant du tombeau au son de la trompette de l'archange Gabriel, le messager de Dieu. Bras levés, ils attendent la pesée des actions faites de leur vivant ; de la balance dépend leur admission au paradis ou en enfer. À l'arrière-plan figure souvent une chaîne de montagnes infranchissable qui signifie que le Jugement est inévitable. Il est immuable. Souvent associée à Pluton, souverain du monde souterrain, la carte du Jugement ne marque pas seulement la fin, mais d'autres commencements, une nouvelle vie, la renaissance et la résurrection. Le Jugement est un moment de réflexion et d'évaluation. La carte implique une critique de ses actions passées et une compréhension objective de soi. Le Jugement ne châtie pas. Au contraire, il offre l'opportunité d'un examen juste suivi du pardon. Il exige ainsi honnêteté intérieure et pureté des motivations dans toutes les actions faisant aller de l'avant. Il signifie aussi le réveil, un sens aigu de la route à suivre, un changement bénéfique qui affecte le résultat futur. Le Jugement rappelle que tout choix est porteur de conséquences, d'où l'importance d'une prise de décision claire lorsque le chemin se sépare en deux. Il fait appel à un niveau supérieur de conscience au service du plus grand bien. Le Jugement purifie, nettoie, renouvelle.

Kim Krans · *Wild Unknown Tarot* · États-Unis · 2012
Kim Krans appartient à la nouvelle génération de créateurs et spécialistes du tarot qui, aujourd'hui,
font revivre et réinterprètent les arcanes. En 2012, elle a autoédité la première édition du tarot Wild Unknown, très apprécié.

Paul Foster Case & Jesse Burns Parke · *Builders of the Adytum (BOTA) Tarot* · États-Unis · 1916
Ce jeu, l'un des premiers tarots américains, a été créé pour accompagner les multiples publications savantes de Case sur le tarot et le travail de son organisation spirituelle, Builders of the Adytum. Ses illustrations développent les arcanes du classique Rider-Waite-Smith. Case a conçu le jeu comme un outil d'autoexploration et de méditation pour atteindre l'«harmonisation spirituelle».

Joyce Eakins & Pamela Eakins · *Tarot of the Spirit*
États-Unis · 1992 Puisant son inspiration dans la
symbolique de la kabbale et les concepts modernes
de méditation et de découverte de soi, ce jeu, qui
résulte de la collaboration de Joyce et Pamela
Eakins, mère et fille, toutes deux spécialistes
du tarot, propose une approche thérapeutique
originale de la tradition du tarot.

56/74   Tarot XX   Dörflinger 1975

XX

Judgement

Johannes Dörflinger · *Tarot XX (Judgment)*
Allemagne · 1975 Les arcanes majeurs sont à l'origine d'une série d'œuvres abstraites de l'artiste
allemand Johannes Dörflinger, qui font partie des
collections de l'Université de Harvard.

Karen Vogel & Vicki Noble · *The Motherpeace Tarot*
États-Unis · 1981 Dans ce jeu fondateur, Karen
Vogel et Vicki Noble réinterprètent la symbolique du
tarot avec des œuvres et des attributions centrées
sur les femmes.

XXI

LE MONDE

ת

RÉALISATION & LIBÉRATION

Une femme drapée dans un vêtement pourpre danse gaiement au centre de la carte du Monde, une jambe repliée, et une baguette dans chaque main. Avec sa danse énergique, constamment changeante, elle symbolise l'équilibre et le mouvement. La couronne de lauriers ovale et verte qui l'entoure indique la victoire, l'achèvement, le cycle de la naissance et du renouveau. Dans les jeux traditionnels, aux quatre coins figurent les mêmes créatures que sur la carte de la Roue de Fortune : un lion, un taureau, un ange et un aigle. Ils représentent les signes du zodiaque Lion, Taureau, Verseau et Scorpion, de même que les quatre éléments et les quatre évangélistes. Ensemble, ils symbolisent l'harmonie entre toutes les énergies, la carte du Monde elle-même signifiant la conformité et l'achèvement. Le Fou est parvenu à la fois au terme et au début de son voyage. Il a lutté, persévéré et évolué. Le Monde signifie la catharsis, l'unité finale entre le moi intérieur et le moi extérieur. Tout est lié. Le Monde incarne le nirvana et l'éveil, la découverte extatique que l'individu fait à jamais partie d'un tout plus vaste. Le Monde célèbre la conquête du sommet, l'union atteinte. Et ce constat provoque une joie incontrôlable. Le Monde dit « OUI ». Cela demande gratitude, réjouissance et rencontre avec la grande danse cosmique. L'étudiant est devenu maître : la carte du Monde marque la fin d'une quête tout comme elle salue le début d'une autre.

Bonifacio Bembo & Francesco Sforza · *Visconti Brambilla Tarot* · Italie · 1463 Peint à la main et doré à la feuille, ce jeu italien est l'un des plus anciens tarots connus. Francesco Sforza l'aurait commandé au milieu du xve siècle à l'atelier de Bonifacio Bembo.

The World

Norbert Lösche & Jean Huets · *Cosmic Tarot*
Allemagne · 1986 Marqués par la culture pop des
années 1980, Norbert Lösche et Jean Huets prêtent
à la symbolique des arcanes de leur jeu une esthétique moderne et ludique.

Ferenc Pinter · *Tarot of the Imagination* · Italie
2001 En puisant ses interprétations surréalistes du
tarot dans le subconscient, l'artiste italien Ferenc
Pinter a créé une iconographie moderne chargée
de symboles.

XXI The Universe
Buddha's Enlightenment

Nic Phillips & Kim Huggens · *Sol Invictus: The God Tarot* · États-Unis · 2007 Approche polythéiste pour ce tarot qui explore les mythologies spirituelles d'une grande variété de cultures. L'artiste Nic Phillips a réalisé les illustrations tandis que la spécialiste du tarot Kim Huggens a rédigé les attributions. Le jeu propose une interprétation contemporaine des arcanes classiques.

Julia Noonan & Julia Remine Piggin · *Pop Rock Tarot* · États-Unis · 1972 Julia Noonan a dessiné cet étonnant tarot, publié par Scholastic, et Julia Remine Piggin en a écrit les textes. L'iconographie des cartes vibrantes de couleurs se réfère à des titres de la scène pop rock de l'époque.

LES ARCANES MINEURS

Les outils de la transformation

Tandis que les arcanes majeurs dominent l'histoire du tarot avec leurs images aux puissants arché-types, les arcanes mineurs remplissent subtilement les vides. Ils fouillent nos histoires personnelles plus finement et avec une profondeur émotionnelle.

Un jeu de tarot se compose généralement de 78 cartes, dont 56 arcanes mineurs répartis en quatre couleurs : les Coupes, les Bâtons, les Épées et les Deniers. Dans le tarot traditionnel, les couleurs cor-respondent aux quatre éléments. Les Coupes sont associées à l'eau, les Bâtons au feu, les Épées à l'air, les Deniers à la terre. Ces symboles concernent aussi bien le moi intérieur que le monde extérieur. Ainsi, les Coupes représentent-elles les émotions du cœur, les Bâtons, le système de croyances de l'âme, les Épées, le domaine de l'esprit rationnel, et les Deniers, le corps, les sens et le monde matériel.

Chaque couleur compte dix cartes numérales, identifiées par un nombre, et une suite de quatre figures, roi, reine, cavalier et valet, classées par ordre hiérarchique. Des jeux contemporains ont rebaptisé ces figures père, mère, fils et fille. Avec une iconographie et une structure semblables à celles des jeux de cartes ordinaires, les arcanes mineurs constituent sans doute la partie la plus familière et la plus abordable du tarot. Ces cartes nous parlent et résonnent en nous, bien que cela n'apparaisse pas de prime abord. À l'instar des arcanes majeurs, les arcanes mineurs reposent sur un système élaboré au fil des siècles qui conjugue le mysticisme de la kabbale, la pensée hermétique, la mythologie grecque et, le plus important sans doute, la numérologie.

La composante numérologique est en effet la clé pour comprendre la symbolique plus profonde de chaque carte. Selon l'époque, l'école de pensée ou l'intention artistique présidant à la création du jeu, on note des variantes mineures dans l'appellation et la numérotation. Pour la plupart, cepen-dant, les cartes numérales présentent les associations suivantes : l'as (1) désigne de nouveaux com-mencements, 2 signifie la dualité, 3 symbolise la formation de modèles et la fusion dans un grand tout. Manly P. Hall, spécialiste du tarot, appelle le 3 « l'équilibre des unités ».

Le 4 est associé à la stabilité, que le 5, synonyme de révolte et d'exploration, vient rompre. Le 6, souvent lié au redémarrage et au renouveau, est suivi par le 7, promesse de progression et de réalisation. Nombre important dans l'occultisme, le 7 fait référence à la structure de l'univers, comme les sept couleurs de l'arc-en-ciel ou les sept premiers corps célestes identifiés par les anciens astronomes. Le 8, chiffre sacré et symbole de l'infini, est lié aux cycles et à la nature tandis que le 9 est mis en rapport avec la contradiction. Enfin, dans le tarot, le nombre 10 symbolise l'achèvement et la fin.

Les figures, appelées le plus souvent valet, cavalier, reine et roi, et qui se suivent dans cet ordre, correspondent à des archétypes, des facettes de notre personnalité reflétées par des attributs masculins et féminins, qui peuvent également représenter, dans certaines lectures, une personne réelle de la vie de quelqu'un. Le valet, par exemple, renvoie à la jeunesse, à l'innocence et à l'énergie des nouveaux départs. Comme le Fou, il marque le début du voyage. Le cavalier annonce le changement et reflète l'action, l'ambition et la création. La reine représente la femme nourricière, celle qui prodigue des soins et guérit ; elle nous rappelle l'action purificatrice de la fertilité et la créativité. Le roi, tout-puissant, dominateur, est, quant à lui, synonyme de stabilité, de réussite et de sagesse paternelle.

ATTRIBUTS DES CARTES NUMÉRALES ET DES FIGURES

AS
Nouveaux départs · Naissance

DEUX
Dualité · Introspection

TROIS
Création de modèles
Élan

QUATRE
Stabilité · Consolidation
Équilibre

CINQ
Rupture de la stabilité
Nouveaux éléments

SIX
Recalibrage
Redémarrage

SEPT
Création
Progrès

HUIT
Cycles
Nature

NEUF
Contradictions
Achèvement proche

DIX
Achèvement · Fin

VALET
Jeunesse d'esprit
Nouvelle étape de vie

CAVALIER
Indique l'action
Ambition

REINE
Soins · Puissance féminine

ROI
Contrôle · Protection
Masculinité

QUALITÉS
Énergie
Motivation
Passion

BÂTONS

ASTROLOGIE
Lion
Sagittaire
Bélier

DU DÉSIR AU DESTIN

As · Feu naissant, courage, désir irrépressible et besoin de créer. Il nous demande de croire en nous-mêmes et de mettre en pratique nos idées et inspirations.

Deux · Volonté de surmonter, clarification des objectifs, contrôle de la volonté. Le deux des Bâtons soutient les actions convaincantes et un esprit ouvert aux idées nouvelles.

Trois · Élan, créativité, planification. Le trois des Bâtons pousse à relever les défis et à explorer d'autres voies.

Quatre · Repos et contentement. Le quatre des Bâtons symbolise l'absence de responsabilité, l'action spontanée, la fierté de réussir et l'harmonie chez soi.

Cinq · Impatience, effervescence, désir d'atteindre de nouveaux sommets. Le cinq des Bâtons implique la compétition, la rivalité et les défis à relever pour gagner.

Six · Gains rudement acquis, victoire. Le six des Bâtons suggère

le triomphe et la connaissance acquise au prix de mille difficultés.

Sept · Renaissance, force, méfiance. Le sept des Bâtons est une carte de confiance et de détermination, qui nous encourage à affronter et à vaincre des forces pouvant nous dépasser.

Huit · Rapidité, résolution des problèmes. Le huit des Bâtons nous appelle à faire le point et à agir, à marquer une pause afin d'étudier les différentes possibilités et revoir les priorités.

Neuf · Accomplissement proche, acquisition de la sagesse. Le neuf des Bâtons demande que nous soyons prêts à persévérer et à traverser les difficultés avec force et réflexion.

Dix · Impatience, dispersion. Le dix des Bâtons nous invite à relâcher la pression et à trouver un équilibre entre le travail et les loisirs pour surmonter nos divers blocages et se défaire d'une culpabilité.

Valet · Passion, levée des obstacles. Jovial, expansif, le valet des Bâtons offre de nouvelles perspectives et idées. Il montre la voie à suivre, notamment dans le domaine créatif.

Cavalier · Désirs fugaces. Le cavalier des Bâtons pointe notre fébrilité et le désir d'être aimé, et nous exhorte à refréner impétuosité et impatience.

Reine · Indépendance, commandement. La reine des Bâtons nous invite à ne pas avoir peur des défis et à réussir en restant fidèles à nos principes et croyances.

Roi · Vitalité, alchimie, expansion. Le roi des Bâtons est un modèle de confiance et de pouvoir qui nous pousse à prendre des mesures vigoureuses et affirmées.

Andrea Serio & Robert Negrini · *Liber T: Tarot of Stars Eternal* · Italie · 2004 S'inspirant des illustrations de Lady Frieda Harris pour le jeu de Thoth,

ce tarot moderne propose une approche abstraite des arcanes figuratifs.

3 of Wands

Marie White · *Mary-El Tarot* · États-Unis · 2012
L'artiste et spécialiste du tarot a consacré près d'une dizaine d'années à la création de ce tarot qui mêle mythe, symbolisme et pratiques mystiques du monde entier. Pour réaliser ses arcanes complexes, Marie White a recouru à une technique ancienne consistant à appliquer des couleurs à l'huile en fines couches successives.

WANDS (4) WANDS

Perfected Work

Sandra & Chic Cicero · *Golden Dawn Magical Tarot* États-Unis · 1997 Chic Cicero et Sandra Tabatha Cicero revisitent les traditions de l'Ordre hermétique de l'Aube dorée avec ce tarot à l'imagerie riche et aux attributions résultant de recherches poussées. Ils ont notamment été inspirés par le style classique des jeux de Thoth et par les arcanes d'autres jeux du début du xxe siècle.

QUALITÉS
Sentiments
Émotions
Intuition
Créativité

COUPES

ASTROLOGIE
Poissons
Cancer
Scorpion

LE DISCOURS DU CŒUR

As · Amour, opulence et commencements. L'as des Coupes symbolise la fertilité, la joie et les nourritures spirituelles. Cette carte renvoie à la positivité et à l'ouverture émotionnelle.

Deux · Introspection, développement de soi, place à de nouvelles expériences. Le deux des Coupes est la carte des unions spirituelles, des collaborations harmonieuses, de la coopération et de l'amitié.

Trois · Élan, opulence, énergie. Le trois des Coupes signifie la plénitude, la guérison, l'union et la victoire, et marque le temps du partage et du développement spirituel commun.

Quatre · Assises solides, protection, réévaluation et mûrissement. Le quatre des Coupes nous invite à prendre le temps de réfléchir et d'observer, de marquer une pause avant de se lancer dans de nouvelles entreprises.

Cinq · Point de non-retour, séparation, chagrin. Le cinq des Coupes symbolise un changement

dans les priorités et les besoins. Il nous suggère de bannir les regrets et de voir plutôt nos pertes comme des gains.

Six · Rétablissement et retour sur soi. Le six des Coupes évoque l'aube après les ténèbres, l'espoir qui renaît. Il symbolise aussi la nostalgie et l'innocence joyeuse de l'enfance.

Sept · Désordre et manque de concentration. Le sept des Coupes nous met en garde contre la tentation de nous bercer d'illusions et de chimères et nous engage à nous ressaisir.

Huit · Bout du rouleau, point de rupture, constats douloureux. Le huit des Coupes nous pousse à tirer un trait sur le passé, à repartir de zéro pour aller vers du meilleur et du plus lumineux.

Neuf · Optimisme, confiance renouvelée. Retour de l'harmonie après une période difficile. Le neuf des Coupes indique les vœux réalisés, les bienfaits reçus et les besoins satisfaits.

Dix · Accomplissement, amour qui irradie. Le dix des Coupes marque un moment d'épanouissement et le sentiment de ne faire qu'un avec le monde.

Valet · Compassion, créativité, potentiel créatif nourri par les émotions. Le valet des Coupes est la carte de l'intimité, qui nous recommande de nous fier à notre intuition.

Cavalier · Fantaisies, notre monde intérieur. Le cavalier des Coupes nous suggère d'explorer nos paysages intérieurs. La carte peut aussi vouloir dire amour émotionnel, proposition, invitation.

Reine · Imagination, créativité grâce à l'ouverture d'esprit. La reine des Coupes nous invite à puiser dans nos émotions profondes et à faire preuve de compassion et d'empathie.

Roi · Sensibilité, grâce, don. Avec le roi des Coupes arrive le temps de la diplomatie, de l'évaluation avec un esprit ouvert, et d'offrir nos services à autrui.

Cathy McClelland · *The Star Tarot* · États-Unis 2017 L'artiste américaine a consacré plusieurs années à la création de ce tarot complexe et

féerique. Elle a puisé son inspiration dans les mythes, les contes et la nature.

Knight of Cups

Mary Elizabeth Evans/Spirit Speak · *Apparition Tarot* · États-Unis · 2018 L'esthétique de ce tarot se distingue par l'élégante simplicité du dessin au trait que relève une touche de couleur vive.

PAGE of CUPS

David Palladini · *Aquarian Tarot* · États-Unis · 1970
Considéré comme l'un des jeux de tarot les plus
marquants des années 1970, l'Aquarian Tarot du

célèbre artiste David Palladini se caractérise par
un style à la fois pop art et Art nouveau.

QUEEN of SWORDS

ÉPÉES

L'ESPRIT & LA MATIÈRE

As · Concentration, lucidité et nouveaux commencements. L'as d'Épées conseille de recourir à la logique et à l'analyse avant de prendre toute décision et de chercher la vérité avec objectivité et honnêteté.

Deux · Prise de décision, organisation. Le deux d'Épées nous incite à affronter nos blocages et à renverser les barrières. La carte nous demande de ne pas refouler nos sentiments mais d'y donner libre cours.

Trois · Laisser aller, composer avec le désenchantement. Le trois d'Épées exige que nous allions à l'essentiel et relevions les défis par la logique et non par l'émotion.

Quatre · Relâchement, récupération et guérison. Le quatre d'Épées est la carte du répit et du repos, qui invite chacun de nous à s'accorder du temps, à prendre du recul et à faire le bilan.

Cinq · Résolution des problèmes, repli et recherche des solutions.

Le cinq d'Épées condamne le succès acquis au détriment d'autrui et pousse à accepter ses limites.

Six · Ouverture de nouvelles perspectives et abandon des vieux préjugés. Le six d'Épées signifie que nous venons à bout des difficultés par l'objectivité et une attitude positive.

Sept · Masques, aveuglement, illusions. Le sept d'Épées est associé aux faux-fuyants et met en garde contre la manipulation, la malhonnêteté, notamment envers soi.

Huit · Se battre avec soi-même, se sous-estimer. Le huit d'Épées symbolise le sentiment d'impuissance et nous dit de ne pas être lié ou aveuglé par notre manque d'honnêteté.

Neuf · Culpabilité, souci, victimisation. Le neuf d'Épées exige que nous surmontions les regrets et les obsessions et que nous affrontions les difficultés les yeux et l'esprit ouverts.

Dix · Sagesse, tournant, ascension. Le dix d'Épées évoque la possibilité d'un éveil, mais met en garde contre l'apitoiement sur soi et la culpabilité.

Valet · Satisfaire ses passions sans égoïsme. Le valet d'Épées est actif et attentif. Cette carte conseille de revenir à la raison et d'appréhender la sagesse qui découle de l'expérience.

Cavalier · Téméraire, courageux, sans jugement. Le cavalier d'Épées pousse à une action infaillible tout en condamnant l'impulsivité et les comportements impétueux.

Reine · Hauteur de vue, lucidité. La reine d'Épées réclame d'agir avec intelligence et droiture. La carte prône la communication directe et simple.

Roi · Harmonie et objectivité. Le roi d'Épées symbolise la prise de décision opportune, un pouvoir patriarcal exercé fermement et sans jugement.

Bill Greer & Lloyd Morgan · *Morgan-Greer Tarot* États-Unis · 1979 Créé par l'artiste Bill Greer sous la supervision de Lloyd Morgan, le jeu Morgan-Greer témoigne de l'influence de Pamela Colman Smith, pionnière de l'art du tarot. Il réinterprète les arcanes selon une esthétique psychédélique et de fantasy.

Robert Wang · *The Jungian Tarot* · États-Unis · 1990
Basé sur la philosophie de la psychanalyse de Jung, ce jeu fourmillant de symboles a été créé par l'artiste et spécialiste du tarot Robert Wang pour accompagner son livre et sa série de jeux intitulée «Jungian Tarot Trilogy».

Michael Dowers & Christine Payne-Towler · *Tarot of Holy Light* · États-Unis · 2011 Ce jeu, dont la symbolique classique se réfère aux premiers tarots d'Europe, s'appuie sur les recherches de l'autrice et spécialiste du tarot Christine Payne-Towler et doit ses illustrations à Michael Dowers.

QUALITÉS
Finances
Travail
Possessions

DENIERS

ASTROLOGIE
Taureau
Vierge
Capricorne

ATTEINDRE L'ABONDANCE

As · Buts atteints. L'as des Deniers marque le temps de l'imagination et de la création. C'est la carte des résultats concrets, de l'effort récompensé.

Deux · Souplesse, adaptabilité. Le deux des Deniers prône une approche simple et flexible de la vie. Il nous recommande de mener calmement à bien les tâches qui nous incombent.

Trois · Compétence, coopération. Le trois des Deniers est la carte de l'action collective, louant nos capacités et nos aptitudes, notamment dans la collaboration avec autrui.

Quatre · Solidité, contrôle. Le quatre des Deniers nous met en garde contre notre tendance à l'entêtement et nous rappelle que résister au changement mène à la paralysie.

Cinq · Soucis, inquiétude, déséquilibre. Le cinq des Deniers nous demande de ne pas négliger nos besoins pour autrui et de nous connecter plutôt à nous-mêmes.

Six · Perspective, équilibre. Le six des Deniers marque une évolution du rapport de force qui apporte harmonie et équilibre. Cette carte vient nous rappeler que la générosité est souvent payée de retour.

Sept · Préparation, estimation. Le sept des Deniers réclame d'évaluer sereinement le passé et d'en tirer les leçons avant de s'engager sur de nouvelles voies.

Huit · Planification, organisation, exécution. Le huit des Deniers nous demande de la rigueur, de la détermination et une attention soutenue dans notre travail et notre vie.

Neuf · Autonomie et réussite. Le neuf des Deniers signifie ingéniosité et autodiscipline et loue la motivation et l'indépendance.

Dix · Sagesse intérieure et extérieure, la boucle est bouclée. Le dix des Deniers est synonyme de succès, de sécurité, et de prospérité obtenus par la rigueur et le respect de la tradition.

Valet · Création, sens pratique. Le valet des Deniers valorise l'effort et représente le travail sérieux récompensé par la progression et l'épanouissement intérieur.

Cavalier · Persévérance, rigueur. Le cavalier des Deniers invite à agir avec patience et prudence. Un travail acharné et des attentes réalistes constituent parfois la meilleure approche.

Reine · Encouragement, reconstitution, générosité. La reine des Deniers nous exhorte à nous connecter à notre intelligence féminine autant qu'à notre créativité et à la nature.

Roi · Fiabilité, réalisme. Le roi des Deniers signifie stabilité et confiance et met en valeur le succès acquis grâce à une intelligence raisonnée.

Alexander Daniloff · *Tarot by Alexander Daniloff* Russie/Italie · 2010 Artiste, illustrateur et designer graphique, Alexander Daniloff a créé une série de tarots qui repose sur l'imagerie du Moyen Âge et de la Renaissance et propose une réinterprétation moderne de la symbolique des arcanes.

Peter Dunham & Linnea Gits de l'atelier Uusi
Pagan Otherworlds · États-Unis · 2016 Inspiré par
la mythologie celtique et l'iconographie classique
du tarot, le Pagan Otherworlds est l'un des jeux de
tarot modernes réalisés sur commande par l'atelier
de création américain Uusi.

Two of Coins

Luigi Scapini · *The Medieval Scapini Tarot* · Italie
2005 L'artiste italien Luigi Scapini offre avec
ce tarot une reproduction scrupuleuse des jeux
médiévaux imprimés en Italie au XVIᵉ siècle.

EN QUÊTE
SPIRITUELLE

Un dernier mot sur La Bibliothèque de l'Ésotérisme

La collection *La Bibliothèque de l'Ésotérisme* étudie la riche histoire visuelle des arcanes en présentant des œuvres inspirées d'une multitude de traditions et de rituels. Son objectif est de faciliter l'accès aux anciens rituels et d'explorer leur symbolisme complexe d'une manière objective plutôt que dogmatique. L'idée est de soulever le voile pour apprécier plus justement ces précieux outils de la psyché. La connaissance ésotérique offre des méthodes d'introspection et de méditation efficaces. Ces pratiques magiques, qui ont évolué au fil des siècles, permettent d'avoir une meilleure compréhension de son monde intérieur.

Le but de la collection est de présenter des résumés de ces anciens systèmes afin d'inciter le lecteur à explorer plus avant les rituels, les cérémonies et les philosophies sacrées de diverses cultures. De l'inviter aussi à aller à la rencontre de la connaissance, à étudier les enseignements des savants du passé et du présent qui ont œuvré au développement et à la préservation de ces arts anciens.

Nous espérons que *La Bibliothèque de l'Ésotérisme* encouragera le lecteur à parcourir les sombres allées des arcanes, à attraper les ouvrages poussiéreux sur les étagères, à sortir les cartes usées de leur étui, à observer le ciel et à déchiffrer le mouvement des étoiles.

Comme l'a exprimé si justement Manly P. Hall dans son ouvrage magistral *The Secret Teachings of All Ages*, «vivre dans le monde sans prendre conscience de son sens, c'est comme déambuler dans une grande bibliothèque sans toucher les livres». Plus loin, dans cette somme incontournable des enseignements ésotériques du monde, il proclame : «Seule la philosophie transcendantale connaît la voie. Seule la raison éclairée peut porter vers la lumière la partie compréhensive de l'homme. Seule la philosophie peut apprendre à l'homme à bien naître, à bien vivre, à bien mourir et, dans une parfaite mesure, à bien renaître. Ceux qui ont choisi une vie guidée par la connaissance, la vertu et l'utilité, les philosophes de tous les temps vous invitent dans ce groupe d'élus.»

Pamela Colman Smith · *Overture « Egmont » Beethoven*
Angleterre · 1907 Aquarelle de la célèbre artiste
du tarot, Pamela Colman Smith, Overture «Egmont»

Beethoven fait partie de la collection de Stuart
Kaplan, le fondateur de U.S. Games Systems.

CRÉDITS